U0754619

悲剧的诞生

[德] 弗里德里希·威廉·尼采 著
封诚诚 译

Die Geburt der Tragödie

北方联合出版传媒(集团)股份有限公司
万卷出版有限责任公司

图书在版编目（CIP）数据

悲剧的诞生 / (德) 弗里德里希·威廉·尼采著；封诚诚译. —沈阳：万卷出版有限责任公司，2023.1

ISBN 978-7-5470-6091-9

Ⅰ. ①悲… Ⅱ. ①弗… ②封… Ⅲ. ①美学理论—德国—近代 Ⅳ. ①B83-095.16

中国版本图书馆CIP数据核字（2022）第173440号

出 品 人：王维良
出版发行：北方联合出版传媒（集团）股份有限公司
万卷出版有限责任公司
（地址：沈阳市和平区十一纬路29号　邮编：110003）
印 刷 者：辽宁新华印务有限公司
经 销 者：全国新华书店
幅面尺寸：145mm × 210mm
字　　数：160千字
印　　张：8.5
出版时间：2023年1月第1版
印刷时间：2023年1月第1次印刷
责任编辑：王　越
责任校对：张　莹
封面设计：仙　境
版式设计：李英辉
ISBN 978-7-5470-6091-9
定　　价：39.80元
联系电话：024-23284090
传　　真：024-23284448

序言

致理查德·瓦格纳

鉴于我们审美公众的特殊品性，汇集在此书中的思想可能会让人产生种种疑虑、混乱和误解，为了远离这一切，也为了能够以同样平静喜悦的心情写下这本书的前言（这种喜悦作为美好和庄严时刻的产物，出现在书中的每一页），我想象着您——我尊敬的朋友，收到这本书的那一刻：您，也许在某个冬季的夜晚，雪中漫步归来，看着扉页上被释放的普罗米修斯[①]，读到我的名字，便立刻相信，无论这本书中写了什么，作者必定有一些

① 古希腊神话中泰坦神族的神明之一，名字的含义为“先见之明”。古希腊悲剧作品中，狄奥尼索斯和普罗米修斯是两个代表性人物，尼采在本书中对这两位人物的悲剧意义进行了深入的分析与探讨。

严肃和紧急的事情要说。同样的，您也相信，他，在用他想到的一切与您交流，就好像在与您面对面交流，且只允许写下与这面对面交流相关的东西。您还会记起，我是在您撰写精彩的贝多芬纪念文集[①]之时，也就是在刚刚爆发战争的恐怖和庄严中，全神贯注地写下了这些文字。但是，如果有人在这全神贯注中想到的是爱国主义的激情和审美的放纵之间的对立，是勇敢的严肃和欢快的游戏之间的对立，那他就错了；相反，如果他们真的读了这部作品，就会惊讶地发现，我们在讨论一个多么严肃的德国问题，我们实际上已经真正地把它置于德国希望的中心，一个旋涡中心，一个转折点。然而，如果这些人仅仅把艺术看作一个有趣的副产品，看作提醒我们"生存之严肃性"的可有可无的铃声，那么对于他们来说，如此严肃地对待一个美学问题本就是有失体统的；仿佛没有人知道，与这种"生存之严肃性"对峙有什么意义。对于这些严肃的人，我要说的是，我追随一

① 这里是指瓦格纳为了庆祝 1870 年贝多芬诞辰一百周年而写的一篇长文，该文包含了瓦格纳对叔本华哲学的理解，并对瓦格纳后期创作实践所受到的影响进行了最完整的诠释，这对年轻的尼采产生了深远的影响。

位男子，我深信艺术是至高的使命，是生命本来的形而上的活动，从这个意义上说，我把这本书献给他，我在这条路上的崇高的领路人。

巴塞尔[①]，1871 年底。

① 1869 年，25 岁的尼采被破格任命为瑞士巴塞尔大学古典语文学教授，也是在巴塞尔，他完成了著作《悲剧的诞生》。

目录

Contents

悲剧的诞生

一

当我们不仅有了逻辑上的洞察力，且对艺术的进一步发展受制于阿波罗[①]精神和狄奥尼索斯[②]精神的二重性这一观点有了直接的确信时，我们就会在美学领域收获颇丰：就像繁衍取决于性的二重性一样，即保持永久的斗争，只在定期发生和解。我们从希腊人那里借用了这些字眼，他们没有用概念，而是用诸神世界里的生动清晰的形象，使明智之人能够理解他们艺术视野中的深奥秘密。我们的认知与希腊的两位艺术之神阿波罗和狄

① 古希腊神话中的光明、预言、音乐和医药之神，消灾解难之神。

② 古希腊神话中的酒神，奥林匹斯十二主神之一。

奥尼索斯产生了紧密的联系，即在希腊世界中，就起源和目的而言，在阿波罗的造型艺术和狄奥尼索斯的非造型音乐艺术之间存在着巨大的反差。这两种截然不同的驱动力并肩而行，大多数情况下是公开冲突，并相互刺激，使彼此不断产生新的更为强大的生命力，以便在它们身上延续那种对立的斗争。而普遍的“艺术”一词只是表面上弥合了这种对立，直到最后，它们通过希腊“意志”的一种形而上的奇迹行为而相互结合，并在这种结合中最终产生出既是狄奥尼索斯式的又是阿波罗式的阿提卡悲剧①。

为了更进一步了解这两种驱动力，让我们把它们看作是于我们体内被分离成“梦”和“醉”的两种艺术世界；我们可以注意到，在这两种生理现象之间，存在着一种对立，就像阿波罗精神和狄奥尼索斯精神之间的对立一样。根据卢克莱修②的看法，正是在梦中，诸神的光辉形象第一次出现在人类的灵魂面前；正是在梦中，伟大的造型艺术家看到了超人的令人陶醉的肢体；而希腊诗人在被问及诗歌创作的秘密时，也会回忆起梦境，并

① 雅典所处的地理位置叫“阿提卡”，因而雅典悲剧又称“阿提卡悲剧”。

② 罗马共和国末期的诗人和哲学家。

给出类似汉斯·萨克斯在《纽伦堡的名歌手》[①] 中的答案：

我的朋友，这是诗人的作品，
使他能解释并发觉他的梦。
相信我，人类最真实的妄想，
在梦中向他打开。
所有的诗歌艺术和诗学，
都是对真实梦境的解释。

在梦境创造过程中，每个人都充满了艺术家的气质。而梦境的美好假象是所有造型艺术的前提，事实上，正如我们所见，它也是诗歌重要部分的前提。我们尽情享受着对形象的直接理解，所有的形式都与我们对话，没有任何冷漠的、不必要的东西。在这个梦境焕发最高生命力时，我们仍然对其假象有着微弱的感觉，至少这是我的经验，而对于它出现的频率为何如此之高，甚至趋于常态，我不得不提供许多证词和诗人的名言来作为佐证。哲学家甚至预感到，在我们生活和存在的这

① 德国作曲家瓦格纳根据轻歌剧《汉斯·萨克斯》改编而成。

个现实之下，还有另一个完全不同的现实，因此它也是一种假象；人们有时会将人类和所有事物仅仅看作是幻影或梦中的形象，叔本华把这一天赋描述为哲学能力的标志。就像哲学家与现实存在的关系一样，具有艺术兴奋性的人类也与梦境的现实发生关系；他密切关注并乐于观察，因为从这些梦境的造型中，他能更好地理解生活，并从中磨炼自己。他普遍地理解并体验到，世上不仅只有愉快和友好的形象，还有严肃的、阴郁的、悲伤的、黑暗的形象，突然的抑制、偶然的戏弄、焦虑的期望，总之，人生的整个"神曲"，连同"地狱"，都从他身边经过，而不仅仅像一出皮影戏般——因为他在这些场景下生活着，并一同受苦——而且还不乏心生对假象之转瞬即逝的感觉。也许很多人和我一样，会记得，在梦中的危险和恐怖中，有时会自我鼓励并成功地呐喊："这是梦！我想继续做梦！"有人告诉我，有些人能够在连续三个或更多的夜晚继续做同一个梦，并在梦中延续其中的因果关系。这些事实都清楚地证明了这样一个事实：我们内心最深层的本质、我们所有人的共同根基，正在以深深的愉悦和快乐的必要性来体验梦境本身。

希腊人在他们的阿波罗神形象中也表达了梦境体

验的这种快乐的必要性。阿波罗，所有造型力量的神，同时也是预言之神。阿波罗在词源上与“光明”一词相关，于是他也是光明之神，也控制着内心幻想世界的美丽光辉。更高的真理、完美的状态与人们对日常现实不完全的理解形成鲜明对比。藏在人们的睡眠和梦境中的具有治疗和帮助作用的深层意识，是预言能力和艺术的象征性类比物，它使得生命成为可能并值得经历。但是，为了不产生病态之效果，梦中的形象不能越过那条微妙的界线，否则，假象就会像粗笨的现实一样欺骗我们，因此在阿波罗的形象中一定不能缺少这条界线：那种适度的限制，那种从狂野的冲动中解放出来的自由，那种造型之神的明智的平静。他的眼睛必须是“像太阳一样明亮的”，正如他的名字一样；即使它看起来是愤怒和不满的，美丽的假象仍笼罩着它。因此，在一种古怪的意义上，叔本华[①]关于陷入摩耶面纱之下人的说法，也适用于阿波罗。他在《作为意志和表象的世界》[②]第一册第416页中写道：“正如在无边无际的、汹涌的大

① 德国著名哲学家，哲学史上第一个反对理性主义哲学的人，并开创了非理性主义哲学的先河。

② 叔本华的重要著作，分为四册，其中包括：认识论、自然哲学、美学和伦理学。

海中，海浪像从山一样咆哮着此起彼伏，一个船夫坐在小船上，他只能依赖这脆弱的船只；就像是一个孤独的人安静地坐在痛苦世界的中间，只能依靠和信赖个体化原理[①]。”是的，关于阿波罗我们可以说，在他身上有对个性化原理不可动摇的信任，它封存在他体内，安静地凝坐，人们甚至愿意称阿波罗本身就是个体化原理的庄严的神象，他的手势和神情无一不向我们表达所有“假象”的愉悦、智慧，以及美丽。

叔本华还描写到，当“理由律”[②]在任何一种形态中都出现了例外，使得人们突然对幻象的认知形式产生迷惑时，就会出现巨大的恐慌。如果我们在这种恐慌之上再加上从人类内心最深处，也是自然的最深处升起的幸福的狂喜，同时打破个体化原理之时，我们就会瞥见狄奥尼索斯的本质，醉酒，即是让我们最容易理解的比喻。或许是受醉酒和艺术的影响，生命得以绽放，所有的原始人类和民族得以高唱赞歌，或许是春天以其势如破竹之力欢快地席卷着整个自然界，总之，狄奥尼索斯的冲动被唤醒了，这股冲动力量的膨胀让主体消失殆

---

① 叔本华用语，原为经院哲学用语，借以指关于时间—空间论的理论。

② 即叔本华的《论充足理由律的四重根》中的概念。

尽，直至忘却自我。德国中世纪，在同一种狄奥尼索斯力量的驱动下，人们成群结队、载歌载舞，从一个地方去到另一个地方，队伍不断壮大：在这些圣约翰节和圣维托斯节的舞者身上，我们仿佛再一次看到希腊人的酒神歌队，那起源于史前的小亚细亚，盛行至巴比伦时期和纵欲的萨卡人中间的表演。有些人把这种现象当成是一种“流行病”，对其避之不及；他们自恃健康，无情地嘲讽或同情他人，实则是缺乏经验或愚昧所致。这些可怜人自然预想不到，当狄奥尼索斯的狂热生活从他们身边呼啸而过时，他们的“健康”看起来是多么苍白无力、阴森恐怖。

在狄奥尼索斯魔力的驱使下，不仅人与人之间递交盟约，重归于好，那被疏远的、敌对的或被征服的大自然也在庆祝与她遗失的儿子——人类之间的和解。大地自愿奉上她的礼物，崖间荒漠里的野兽温驯地走来。狄奥尼索斯的战车上撒满了鲜花和花环，虎豹在它的轭下大步流星。如果一个人把贝多芬那首欢快的曲子《欢乐颂》幻化成一幅画，并让想象力继续飞扬，想象着数百万人正不寒而栗地跌入尘埃，那么他就差不多进入醉酒的状态了。这时，奴隶成了自由人，所有人都冲破了那条僵硬的、敌对的界限，那原横亘在人与人之间的贫困、专断或被看作“厚颜无耻的时尚”[①]通通消失了。现在，空中传来了世界大同的福音，每个人都感受到了与周围人的团结、和解、亲密，甚至合为一体，仿佛摩耶的面纱已被撕碎，只剩下碎片在神秘的太一[②]面前飘摇。人们载歌载舞，想要证明自己是一个更高级别共同体的成员，但他已经忘记了如何行走、如何说话，于是就这样翩翩然飞向空中。他挥舞着双手，好似中了魔法一般。就像动物开口说话、大地流出牛奶和蜂蜜，一种超自然的现象也在他身上发生：他感觉自己变成了神明，他满心陶醉、庄严漫步，就如同他梦中看到的诸神一样。人不再是一个艺术家，而是变成了一件艺术品：整个自然界的艺术力量，在这里，在醉酒的颤抖下毫无保留地展示自己，以满足太一的极度欢愉。最弥足珍贵的黏土、最价值连城的大理石——人，在这里被揉捏、被雕琢。伴随着狄奥尼索斯这位宇宙艺术家的凿击声，响

① 参见瓦格纳的作品《朝拜贝多芬》。

② 德文原词是 das Ur-Eine，Ur 意为“最初的、原始的”，Eine 是指“一个”，Ur-Eine 则指“原始之一”之意，遂通译为“太一”，类似中国道家哲学中代表世界的物质本原，天地、阴阳、万物的本始的“太一”。

起了厄琉息斯秘仪[①]的呼喊："万民啊，你们倒下了吗？宇宙啊，你预见了造物主吗？"

① 古希腊时期的农业节庆。

二

迄今为止，我们一直把阿波罗精神和它的对立面——狄奥尼索斯精神看作是无需人类艺术家这一中介而从自然本身迸发出来的艺术力量。这两股力量的艺术冲动首先以下列方式得到满足：一方面，作为梦的意象，它的完美与个体的智力水平或个体的艺术修养毫无关系；另一方面，作为醉的现实，它同样不重视个体，甚至试图摧毁个体，并通过一种神秘的统一感来救赎他。在这两种直接的自然艺术状态面前，每个艺术家都是一个“模仿者”，要么是阿波罗式的梦艺术家，要么是狄奥尼索斯式的醉艺术家，或者如同希腊悲剧那般，兼具这梦、醉两种。对于后者，我们不得不这样设想：他如狄奥尼索斯般酩酊大醉，在神秘的忘我境界中，脱离了狂热的歌队，孤独地倒在了地上。随后，在阿波罗的梦的感应下，他自己的状态，即他与世界最内在基础的统一，在一个类似于梦境的形象中向他显现出来。

经过一般的预设和比较之后，让我们走近希腊人，来看看那些自然的艺术冲动在他们身上发展到了何种程度，何种高度，以便我们能够更加深入地理解和评价希腊艺术家同其原型的关系，即如亚里士多德所说的“对自然的模仿”。对于希腊人的梦，尽管已经有了各种相关文献与逸闻，但我们还是只能猜测，不过我们几乎可以肯定的是：他们的眼睛具有不可思议的清晰且可靠的造型能力，再加上他们对色彩的敏锐且真诚的热爱，于是，我们不禁要设想，他们的梦中也有着线条和轮廓、颜色和构架的逻辑因果关系，有着与他们最优秀的浮雕艺术相似的场景布局，这一点足以让所有后人感到羞愧。如果可以比喻的话，那么希腊人梦的完美让我们有充分的理由把做梦的希腊人称为荷马，把荷马称为做梦的希腊人，这可比现代人妄自尊大地将自己的梦境与莎士比亚作对比更具深刻意义。

相反，我们无须猜测即可断定，在狄奥尼索斯的希腊人和狄奥尼索斯的野蛮人之间横亘着一条巨大的鸿沟。在古代世界的每一个角落——这里暂且不谈现代世界——从罗马到巴比伦，我们都可以证明酒神节的存在，它与希腊节日的关系充其量就像被赋予了山羊的名字和标志的大胡子萨提尔与狄奥尼索斯本人的关系。几乎在所有的地方，这些庆祝活动的核心都在于旺盛无度的性放纵，这放荡的浪潮吞没了一切家庭生活及其可敬的法规；天性中最凶猛的野兽在这里脱缰而出，兽性大发，直至淫欲和残暴相混合，这令人作呕的混合物在我看来就是真正的“妖女淫酒”。这些节日的知识通过各种陆路和海路传入希腊，但希腊人在很长一段时间里都在阿波罗形象的庇佑下顶住了它们的狂热躁动；阿波罗手持美杜莎[①]的头颅，便可以抵御比怪诞粗野的狄奥尼索斯更危险的力量。这就是多立克[②]艺术，阿波罗威严的拒绝姿态在其中成了不朽的经典。然而，一旦类似的冲动最终从希腊人自己最深层的根基中挣脱出来，这种抵抗就

① 古希腊神话中的蛇发女妖，凡看见她的眼睛者皆会被石化。

② 古典建筑的三种柱式中出现最早的一种（公元前 7 世纪），其特点是粗犷雄壮，又被称为“男性柱”。

会变得摇摇欲坠，甚至不可能了。现在，德尔斐[①]神的作用仅限于适时地与强大的对手完成和解，并从他手中夺走破坏性的武器。这次和解是希腊崇神史上最重要的时刻：无论从哪个角度看，这件事引发的变革都是显而易见的。这是两个对手的和解，他们明确划定了从现在开始双方必须遵守的界线，并定期互致敬礼，以示尊重；虽然他们之间的鸿沟并未从根本上消除，但是如果我们看到，狄奥尼索斯的力量在这份和平契约的压力下如何显露，我们就会知道，希腊人的酒神节狂欢中包含救世节和变容日的意义，这与巴比伦的萨刻亚节及其由人变为虎猿的倒退形成对比。只有在希腊人这里，自然才赢得艺术的喝彩；只有在希腊人这里，个体化原理的破碎才成为一种艺术现象；只有在希腊人这里，淫欲和残暴混合而成的“妖女淫酒”才无法发挥效力。隐藏在狄奥尼索斯狂欢者的激情中那奇妙的混合性和二元性提醒着我们，我们胸中的喝彩在弹奏痛苦的音调，正如解药能让人们想起致命的毒药一样。正所谓乐极生悲，泰极而否，在那些希腊节日中，自然的感伤迸发而出，仿佛

① 所有古希腊城邦共同的圣地。这里主要供奉着阿波罗，著名的德尔斐神谕就在这里颁布。此处的德尔斐神指的就是阿波罗。

不得不为自己被分割成许多个体而哀叹。这些具有双重情绪的狂欢者的歌声和舞姿，对于荷马时代的希腊人来说，是一种全新的、闻所未闻的东西；狄奥尼索斯的音乐尤其使他们心惊胆战。音乐似乎一向被认为是阿波罗艺术，但严格来说，它其实只是有节奏的拍打，其造型能力则是为了表现阿波罗的状态而发展起来的。阿波罗音乐乃是声音上的多立克建筑，但它只采用了含蓄的音调，这也符合基萨拉琴[①]的特点。音调的直抵人心、旋律的流畅自然，以及和声的无与伦比被认为是非阿波罗的音乐，于是，人们小心翼翼地避开了这些元素，但这恰恰就是狄奥尼索斯音乐乃至一般音乐的特征。在狄奥尼索斯的颂歌中，人类的象征能力被激发到了前所未有的高度，一些从未感受过的东西力求表达自己，于是，摩耶人的面纱被揭掉，一元性被看作种族的守护神，甚至自然的守护神。此时，自然的本质想要象征性地表达自己，一个全新的象征性世界呼之欲出，它让整个躯体具有象征意义，不仅包括嘴巴、脸孔和语言，还有那让四肢律动的舞姿。然后，其他象征性力量也急速增长，如

① 古希腊人使用的拨弦乐器，与阿波罗神密切相关。

音乐的象征性力量突然在节奏、力道和和声上全面爆发一般。为了让所有象征性力量全部释放，人，必须达到一种忘我的境界，并通过那些力量象征性地表达自己。因此，吟唱酒神颂歌的狄奥尼索斯信徒只能为同类所理解！阿波罗式的希腊人看到他们时会是多么惊讶啊！惊讶之余，还掺杂着恐惧，然而这一切对他来说其实并不陌生，甚至连他的阿波罗意识也只不过是挡住他面前的狄奥尼索斯世界的一层面纱罢了。

三

为了理解阿波罗精神，我们必须一砖一瓦地推翻这座精致的文化圣殿，直到我们看到它脚下的地基。在这里，我们第一次看到了雄伟的奥林匹斯众神，他们矗立在这圣殿的山墙之上，那门楣上的辉煌浮雕描绘着他们的事迹。如果阿波罗也跻身其中，与众神并肩，并不要求中心位，那我们也不能因此被迷惑。体现在阿波罗身上的同一种冲动孕育了整个奥林匹斯世界，在这个意义上，阿波罗可被视为奥林匹斯之父。那么，是什么巨大的需求催生了这样一个光辉的奥林匹斯众神社会呢？

倘若有人心怀另一种宗教信仰来接近这些奥林匹斯

之神，想要从他们身上寻求道德的高尚，甚而圣洁，寻求非肉体的超凡脱俗，寻求充满同情的、慈爱的目光，那么他定会收获不满和失望，折返而归。在这里，没有什么能让我们想起禁欲、修身和责任；在这里，只有一种生命的声音在冲我们说话——一种丰富的、胜利的生命之声，这种生命状态下一切现存的东西，无论善恶，皆被神化。因此，观察者可能会站在这梦幻般旺盛的生命力面前吃惊地自问，这些纵情的人们到底饮下了何种魔法药水，可以如此尽情地享受生活，无论他们看向哪里，都有海伦娜[①]——这个他们心中“漂浮在甜蜜的感性世界里”的理想形象，对其笑脸相迎。但我们必须呼唤这个已经转身离开的观察者：“不要走，先听听希腊的民间智者是如何带着神秘的欢愉在你面前徐徐道来这种生活的吧。”有这样一个古老的传说，弥达斯国王[②]在森林里追捕狄奥尼索斯的伙伴——智慧的西伦[③]，久抓无果。但最后西伦还是落入国王手中，国王问他对于人类来说什么是最好的、最优秀的。这位森林的守护人一直毫不

① 宙斯的女儿，人间最漂亮的女人。她与特洛伊王子帕里斯的私奔引发了著名的特洛伊战争。

② 古希腊神话中佛律癸亚的国王，“点石成金”“驴耳朵”等故事的主人公。

③ 又称西勒努斯，古希腊神话职司森林的神之一，酒神狄奥尼索斯的伴侣和导师。

妥协、面不改色地保持缄默，直到在国王的逼迫下，终于忍不住放声大笑，说出了这样的话 ：“可怜的浮生啊，受尽苦难的孩子啊，你为什么非要逼我说出你最好不要听到的话呢？最美好的东西你们是根本无法得到的 ：那就是不出生，不存在，虚无。但对你来说，还有第二好的事情——尽快死亡。”

奥林匹斯的众神世界与这种民间智慧又有什么关系呢？或许，就像是受尽折磨的殉道者的欢愉幻觉面对着他自己的痛苦。

现在，奥林匹斯神山向我们敞开了大门，展示了它的根基。希腊人知道并感受到了生存的恐怖与可怕 ；为了能够生存下去，希腊人必须把熠熠生辉的奥林匹斯众神梦境的诞生置于恐怖之前。对自然界泰坦①诸神威力的极度不信任，冷酷地高居一切知识之上的莫伊拉②，啄食人类的朋友普罗米修斯的秃鹰，聪明的俄狄浦斯③的可怕

① 古希腊神话中曾统治宇宙的古老的神族，后被宙斯家族推翻并取代。

② 古希腊神话中的命运三女神的总称，宙斯和正义女神忒弥斯的女儿，这里是指命运。

③ 欧洲文学史上典型的命运悲剧人物，古希腊神话中忒拜的国王拉伊俄斯和王后约卡斯塔的儿子，他在不知情的情况下，杀死了自己的父亲并娶了自己的母亲。

命运，迫使俄瑞斯忒斯弑母的阿特柔斯家族魔咒[①]，驱使忧郁的伊特鲁里亚人[②]走向毁灭的秘密，整个森林之神[③]的哲学，连同其神话的例证——这一切都被希腊人通过奥林匹斯众神艺术的中间世界不断地克服，至少是被加以掩盖、隐藏了起来。为了能够生存下去，希腊人不得不根据最深层次的需要创造出诸神。我们或许可以这样设想这一创造过程：由于阿波罗的美之冲动，那最初恐怖的泰坦神族慢慢演变成欢乐的奥林匹斯神族，就像荆棘丛生的灌木之中绽出玫瑰一样。如果生命没有被更耀眼的灵光所环绕，没有从神明处得到启示，那么这个如此暴躁敏感、如此欲望热烈、如此极易痛苦的民族，又怎么能够忍受这样的命运呢？召唤艺术走进生命的冲动促使人们继续生存，也促进了奥林匹斯世界的诞生。在这个世界里，希腊人的“意志”为自己举起了一面神化

---

① 阿特柔斯遭到诸神的惩罚，他的后代都遭到了诅咒，导致俄瑞斯忒斯的母亲吕泰斯特拉与人私通，杀死了自己的丈夫——俄瑞斯忒斯的父亲阿伽门农。诅咒后又降临到俄瑞斯忒斯的头上——根据古希腊伦理法则，儿子必须为父亲复仇。但弑母的行为为希腊法理所不容。俄瑞斯忒斯进退两难，万分痛苦，最后，他还是杀死了母亲。

② 公元前 10 世纪到公元前 1 世纪生活在亚平宁半岛中北部的一个民族。在罗马崛起之前，伊特鲁里亚人在亚平宁半岛上建立起先进的文明。

③ 即上文提到的西伦神。

了的镜子；在这个世界里，众神自己过着与人同样的生活，于是他们为人生辩护，确立了人的权利——这是唯一令人满意的解释：神正论[①]! 人们认为在神明的圣光普照下生存是最有意义的事情，荷马时代的人的真正痛苦与他们过早失去这圣光有关。因此，现在的人可以用西伦的智慧反过来与他们论辩："对他们来说，最糟糕的事情是即将死亡，第二糟糕的事情是他们终有一死。"此刻，人们仿佛听到了哀鸣之声，那是一种好似在为短命的阿喀琉斯[②]发出的悲叹，为人如落叶般新旧更迭发出的悲叹，为英雄时代的没落发出的悲叹。渴望生活下去，即使是作为一个"临时工"，也不失为最伟大的英雄。可见，在阿波罗阶段，"意志"如此急切地渴望生存，荷马时代的人更是感觉到自己与生存已融作一体，甚至连悲叹都成了生命的赞歌。

在此必须指出的是，这种现代人所憧憬的和谐、人与自然的统一——席勒曾创造"素朴的"[③]一词来形容它，绝

---

① 神正论使神权确立了神的统治和人的权利，在基督教社会具有重要意义。

② 阿喀琉斯的母亲忒提斯是不死之身，她在阿喀琉斯出生后，捏着他的脚踝将其浸泡在冥河斯提克斯（一说天火）中，使他全身刀枪不入，唯有脚踝，即忒提斯手握着的地方是例外，此即"阿喀琉斯之踵"的由来。

③ 参见席勒的《论素朴的诗与感伤的诗》。

不是一种简单的、自我形成的、如同必然的状态，我们在每一种文化的入口都会遇到它，就像人类必定会遇到伊甸园一样。这种状态只能为一个特殊的时代所相信，这个时代里的人们试图将卢梭笔下的爱弥儿[①]视为艺术家，并错误地认为他们已经在荷马身上找到了像爱弥儿一样在自然教育下长大的艺术家的影子。无论我们在哪里遇到艺术中的“素朴”，都应该知道这是阿波罗文化的至高效果：它总是必先推翻一个泰坦帝国，斩妖除魔，再用极度的妄想和愉悦的幻想战胜可怕的世界观深渊和敏锐的痛苦感知力。然而，这素朴又很难做到与幻想之美水乳交融！因此，荷马的崇高是多么难能可贵啊，他作为一个个体与阿波罗的民族文化之间的关系，就好比个体梦境艺术家与民族的、自然的梦境能力的关系。荷马的“素朴”只能被理解为阿波罗幻想的完全胜利，它是大自然经常用来实现意图的一种幻想。真正的目标被一种幻象所掩盖了，我们伸出双手想要抓住这幻象，而自然却利用我们的错觉实现了它真正的目标。在希腊人身上，“意志”想在创造力和艺术世界的升华中审视自己；为了歌颂自己，意志的创造者则必先觉得自

①《爱弥儿》是法国思想家让 - 雅克 · 卢梭创作的教育学著作。

己值得被赞扬，并在更高的境界里再度审视自己，且不必让整个静观世界充当命令或责备而发生作用。这就是美的境界，他们在这里看到了自己的镜像、奥林匹斯精神的镜像。希腊人的“意志”即是用这种美的映照来对抗与苦难和苦难智慧相关的一种艺术才能，而荷马，这位素朴的艺术家，即是作为它胜利的纪念碑，矗立在我们面前。

四

梦的类比可以让我们更了解这位素朴的艺术家。我们不妨想象这样一个场景：一个做梦者沉浸在梦境的幻觉中，在不打破梦境的情况下对自己喊道："这是一个梦，我想继续做梦。"从这里我们即可以推断，他在这梦境观中一定体验到了一种深层内在的喜悦；而另一方面，为了能够带着这份喜悦继续做梦，我们就必须完全忘记白昼，忘记它那一意孤行的纠缠。为解释这一切现象，我们可以在释梦者阿波罗的指导下，用下列方法来说明。如果生活被一分为二——清醒的一半和梦境的一半，那么前者在我们看来无疑是更受偏爱的、更重要的、更有价值的、更值得经历的，亦是我们唯一体验过的生活。然而，虽然这听起来很荒谬，但我始终坚信，对于我们本质的神秘基础（我们即是其表现）而言，更应被重视的恰恰是梦的那一半。因为，当我越是觉察到自然中那无所不能的艺术冲动，又在这冲动中觉察到对表象以及对通过表象实现救赎的热切渴望，我就越是感觉自己必须做出一种形而上的假设，即真正的存在者和原始太一，作为永恒的受难者和矛盾体，同样需要令人陶醉的幻象、充满喜悦的表象来不断地实现自我救赎：完全陷入这种表象并成为其中一分子的我们亦不得不把它看作是真正的非存在者，即时间、空间和因果关系中的永恒变化，换句话说，即源自经验的现实。

如果我们暂时抛开自己的“现实”，把我们经验性的存在，如同一般世界的存在那样，看作是每时每刻产生的太一的表象，那么此刻我们必须把梦看作是假象的假象，一种对假象的原始欲望的更高程度的满足。由此及彼，自然的内在核心在素朴艺术家和素朴艺术作品中获得了不可名状的喜悦，而这同样也只是“假象的假象”。拉斐尔[①]是一位不朽的素朴艺术家，他在一幅象征画中为我们描绘了假象向假象的转化过程，这是素朴艺术家的原始过程，同时也是阿波罗文化的原始过程。他的《基督变容图》[②]的下半部分，用中邪的男孩、绝望的搬运工和惊恐的信徒，向我们展示了永恒的原始之痛，世界的唯一根源，这里的“假象”是永恒矛盾的反照，是万物之父的反照。然而，一个等同于幻象的新假象世界宛如一缕芬芳，从这假象中幻化而出。那些陷入第一种假象的人却对此视若无睹——它周身散发着光芒，漂浮在至纯的喜悦之中，漂浮在毫无痛苦、自远方投来的凝视之中。在这里，在至高的艺术象征中，我们看到了阿波罗的美的世界及其深层基础，还有可怕的西伦智慧，凭借直觉理解了它们之间的相互依存关系。但是，阿波罗再次以个体化原理之神的形象站在我们面前，只有在这原理中，太一的永恒目标——通过假象完成救赎，才能得以实现；它以崇高的姿态向我们证明，拥有整个痛苦世界是多么必要，它可以促使个人产生救赎的

① 意大利画家、建筑师，与列奥纳多·达·芬奇和米开朗琪罗合称“文艺复兴三杰”。

②《基督变容图》又名《基督显圣》，是拉斐尔应红衣主教朱利奥·美第奇邀请为法国纳博讷教堂绘制的祭坛画，也是拉斐尔临终前的最后一幅杰作。

幻觉，然后沉浸在对它的凝视之中，安坐在摇曳的小舟之上，漂泊在无尽苦海之中。

如果将个体化的神化视为命令，视为规则的制定，那么它只认一条法则，即个体法则，也就是遵守个体的界限，即希腊意义上的适度。阿波罗作为一个道德之神，要求他的信徒适度，并为了做到适度要有自知之明。因此，除了美的美学必要性，还要遵循“认识自己”和“适可而止”的原则，而自负和过度则是非阿波罗领域内的真正怀有敌意的恶魔，是阿波罗前的泰坦时代和阿波罗之外的野蛮世界的特征。因为对人类巨大无比的爱，普罗米修斯不得不被秃鹰撕啄；因为聪慧过人，解开了斯芬克斯之谜[①]，俄狄浦斯不得不陷入了罪恶的旋涡。这就是德尔斐神对希腊历史的解释。

在阿波罗式的希腊人看来，狄奥尼索斯精神产生的效果也是“泰坦的”和“野蛮的”，但他又不得不承认，自己与那些被推翻的泰坦诸神和英雄的内在血缘关系。

---

① 斯芬克斯是古希腊神话中一个长着狮子躯干、女人头面的有翼怪兽。它坐在忒拜城附近的悬崖上，向过路人抛出一个谜语：“什么早上用四条腿走路，中午用两条腿走路，晚上用三条腿走路？”俄狄浦斯在不知情的情况下杀死自己的父亲，后又猜中了斯芬克斯之谜的谜底是人，被忒拜民众拥戴为新国王，并娶王后为妻。至此，“杀父娶母”的神谕得以彻底实现。

是的，他必定还感觉到：他的整个存在，连同其所有的美和节制，都建立在一个被掩盖的痛苦和知识的基础之上，正是狄奥尼索斯让其重见光明。看哪！没有狄奥尼索斯，阿波罗就无法生存！最终，“泰坦的”和“野蛮的”与“阿波罗的”一样，都是一种必然。现在让我们想象一下，酒神节的狂欢声如何以愈发诱人的魔力传入这个基于假象和节制之上、被人为抑制的世界，自然的极度喜悦、极度痛苦和极度认知如何在这魔力作用下响彻云霄，甚至变成振聋发聩的呼叫；让我们想象一下，同这疯狂的全民高歌相比，阿波罗艺术家吟唱赞美诗、拨弄竖琴发出幽灵般琴声的行为又有什么意义呢？在这种醉意中说出真相的艺术面前，“假象”艺术的缪斯们也显得黯然失色，西伦的智慧对静穆的奥林匹斯众神呐喊着：“悲哀啊！悲哀！”在这里，原本遵循所有界限和适度原则的个体也迷失在狄奥尼索斯的忘我境界中，忘却了阿波罗的法规。“过度”揭去面纱，显现为真理，矛盾和产自痛苦的喜悦从自然的心底迸发而出。因此，凡是狄奥尼索斯精神所到之处，阿波罗精神皆会遭到摒弃和毁灭。但相反，酒神进攻受阻之处，德尔斐神都会愈发名声大振、盛气凌人。因此，我只能将多立克国家和多立克艺术解释为阿波罗精神始终坚守的营垒；只有不断地抵抗狄奥尼索斯精神中泰坦和野蛮的本质，即一种如此固执冷漠、铜墙铁壁般的艺术，一种如此好战、严苛的训练，一种如此残酷无情的国家制度，它们才能经久不衰。

至此，我对本书开头提出的问题已经做出了深入的解释：狄奥尼索斯精神和阿波罗精神是如何交替而生、相辅相成地支配着希腊人本质的；泰坦诸神混战、严肃的大众哲学盛行的“青铜时代”是如何在阿波罗的美学冲动下演变成荷马时代的；这“素朴”的荣耀是如何被狄奥尼索斯狂潮所吞噬的；面对这股新力量，阿波罗精神又是如何保持多立克艺术和多立克世界观的严肃威严的。如果我们按照这种方式将一直处在两种精神敌对状态下的古希腊历史分成四大艺术阶段，又不想把最后达到的艺术时期，即多立克艺术时期，视为这些艺术冲动的巅峰和归宿，那么我们势必要进一步探究这些发展和冲动的终极目标。于是，我们的眼前出现了阿提卡悲剧和戏剧酒神颂歌这样崇高而备受赞誉的艺术作品，它们正是上述两种艺术冲动的共同目标。在之前漫长的斗争过后，两种艺术冲动神秘联姻，诞下了他们的结晶——

这个既是安提戈涅又是卡珊德拉[①]的孩子。

① 安提戈涅是俄狄浦斯的女儿，她因不顾国王的禁令安葬了自己的兄长而被处死，因此成了不向世俗权势低头的伟大女英雄形象。卡珊德拉是特洛伊的公主，拥有预言能力，又因抗拒阿波罗而被施以诅咒，使其预言不被人相信。前者代表阿波罗文化，后者代表狄奥尼索斯文化，希腊悲剧则是两者相结合的产物。

五

由此可见，我们探究的真正目标其实是认识狄奥尼索斯兼阿波罗式的天才及其艺术作品。现在，我们离它越来越近了，至少我们初步了解了两者结合的奥秘。我们首先要问，这个日后发展成悲剧和戏剧酒神颂歌的新萌芽首先显露于希腊世界的何处？对此，古人为我们提供了形象方面的线索，他们把荷马和阿奇洛科斯[①]当作希腊诗歌的祖先和火炬手，并肩镌刻在雕塑和饰物等艺术作品之上，因为他们坚信只有这两个不分伯仲的天才才拥有原始

① 即阿尔斯洛克斯（公元前 714？—公元前 676？），古希腊抒情诗人，擅长讽刺诗。

天性，他们用星星之火点燃了生命之光，让整个希腊沐浴其中。荷马，这个潜心笃志的白发梦想家、典型的阿波罗式的素朴艺术家，此刻惊讶地看到了阿奇洛科斯那激情高昂的头颅，这位好战的缪斯仆人遭受了生活疯狂的驱逐。近代美学补充解释说，在这里，“客观”艺术家遭到了第一个“主观”艺术家的对抗。这种解释对我们来说一无是处，因为我们认为主观艺术家是糟糕的艺术家，在任何一个艺术种类和艺术高度中，我们首先要克服的就是主观，摆脱“自我”，让每一个个体的意愿和欲望保持缄默。的确，没有客观性，没有纯粹超然的静观，我们就永远无法相信这是真正的艺术创作。因此，我们的美学必须首先要解释这样一个问题 ：“抒情诗人”怎么可能是艺术家呢？所有时代的经验都在告诉我们，抒情诗人总是提及“自我”，总是在我们面前浓墨重彩地唱响他的激情和欲望。正是荷马身边的阿奇洛科斯，用他仇恨、蔑视的呐喊，用他如醉如狂的欲望，吓得我们心惊胆战 ；他，第一个被冠以主观的艺术家，难道不正是因此而成为真正的非艺术家吗？但是这位诗人受到的崇敬又从何而来呢？是德尔斐神庙，这“客观”艺术的发祥地，是它以奇特的神谕给予了阿奇洛科斯崇高的敬意。

席勒通过一种连他自己都无法解释，但又无可置疑的心理观察揭秘了他的诗歌创作过程。他坦言，在诗歌的酝酿阶段，他并没有在脑海中浮现出一系列具逻辑思维关系的形象，它更像是一种音乐情绪（“对于感觉，我起初并没有明确清晰的目标，这目标是后来才形成的；某种音乐情绪先行，诗意才紧随其后”[①]）。我们再补充说明一点：所有古代抒情诗中的一种最重要的现象就是，无论在哪里，人们都觉得抒情诗人与音乐家的结合是浑然天成的——与之相比，我们的近代抒情诗就好像是一尊没有头颅的神像。现在，我们就可以根据我们前面提到的审美的形而上学理论对抒情诗人做出如下解释了。首先，他是一个狄奥尼索斯艺术家，已经完全与太一、与他的痛苦和矛盾融为一体。如果说音乐是对世界的临摹和重铸，那么抒情诗人就是把太一的形象创作成了音乐；但是现在，受阿波罗梦境的影响，这音乐仿佛是在譬喻性的梦境中，又变得对他有形可见了。音乐对原始痛苦的重现是没有形象、没有概念的，现在又通过假象得到救赎，产生了另一种反映，成为特别的譬喻或例证。艺术家在醉境中已经放弃了

① 参见席勒致歌德的信，1796 年 3 月 18 日。

他的主观性：现在，他与世界之心比肩而站的画面就像一个梦境，象征了假象的原始矛盾、原始痛苦，乃至原始快乐。抒情诗人的“自我”是发自心灵深处的声音，现代美学家所谓的抒情诗人的“主观性”只不过是一种幻觉。当希腊第一位抒情诗人阿奇洛科斯对吕坎伯斯的女儿同时表达痴恋、发泄蔑视时[①]，我们看到的并不是他自己的放纵狂欢，而是狄奥尼索斯和他的女祭司；我们看到了酒醉的狂欢者阿奇洛科斯酣然入睡，如同欧里庇得斯在《酒神的伴侣》[②]中为我们描绘的那样，他高枕于阿尔卑斯山的牧场之上，沐浴在正午的阳光之下，此时，阿波罗走近他，用月桂枝轻触他。于是，这位沉睡诗人的狄奥尼索斯式的音乐魔法仿佛向周身迸发出如画的火花，幻化成一首首抒情诗，这抒情诗的最高发展形式即为悲剧和戏剧酒神颂歌。

雕塑家以及与其本质相近的史诗诗人沉浸于形象的纯粹静观之中。狄奥尼索斯音乐家却是完全没有形象的，因为他们本身就是那形象的原始痛苦及其原始回响。抒情诗的天才则感觉到，从神秘的玄同忘我之境中生出了一个

① 诗人阿奇洛科斯身份低微，他爱上了吕坎伯斯的女儿，吕坎伯斯不允许他们结婚，诗人就此写诗讽刺了他们。

②《酒神的伴侣》是悲剧情人欧里庇得斯晚期较成熟的作品之一，它描绘了一种崇尚保证平等和自由的生活方式。

形象和譬喻的世界，一个在颜色、因果、速度上与雕塑家和史诗诗人的世界截然不同的世界。雕塑家和史诗诗人生活在形象中，并且只有在形象中生活才感觉惬意和舒适，他们乐此不疲、细致入微、充满爱意地观察这些形象。就连愤怒的阿喀琉斯形象对他们来说也只不过是一个画面，他们怀着对假象的梦境般的喜悦来欣赏其愤怒的表情。有了这面假象的镜子，他们就可以避免自己与其塑造的形象融为一体。与此相反，抒情诗人的形象与其本人无异，形象只不过是他的一个个客观变体而已，因此，他就成了那个“自我”世界里的活动着的中心。不过，这个“自我”不是一个清醒的“自我”，也不是一个充满经验现实的自我，而是唯一一个真实存在的、基于万物根本的、永恒的“自我”，抒情诗的天才就是通过这样的自我映象来洞察万物之根本的。现在让我们再设想一下，其实，他在这映象之下也看到了非天才的自己，即他的“主体”——一种主观的激情和意志，夹杂着针对某种特定的、在他看来是真实事物的感受。如此看来，抒情诗的天才和与非天才实为一体，而前者用“我”这个字眼谈及自己。但此时，假象已无法再迷惑我们了，就算它以前能迷惑那些把抒情诗人称为主观诗人的人也不行。实际上，阿奇洛科斯——这位激情燃烧、爱恨交织的人，只是天才的一个幻象，他已不再是阿奇洛科斯，而是一个世界天才借用阿奇洛科斯作为人类的各种譬喻，象征性地表达出他的原始痛苦。相反，那个具有主观意愿和欲望的阿奇洛科斯绝不可能是诗人。但是，抒情诗人也不必把眼前的人类阿奇洛科斯看作永恒存在的映象。悲剧已证明，抒情诗人的幻想世界与已然存在的现象相去甚远。

叔本华毫不遮掩抒情诗人给艺术的哲学思考带来了怎样的困扰，他认为自己已经找到了一条出路，但我并不完全认同。他认为只有在其深刻的音乐形而上学里才拥有可以从根本上摆脱这一困扰的方法。我相信，我已经本着他的精神，怀着对他的敬意，在这本书里做到了这一点。然而，他却这样描述诗歌的特殊本质（《作为意志和表象世界》第一卷，第 295 页）："填满吟唱者意识的是意志的主体，即他自己的愿望，那常常是一种得到释放、得到满足的愿望（快乐），但更多时候是被压抑的愿望（悲哀），始终表现为冲动、热情和激动的心境。与此同时，通过对周围自然的观察，吟唱者意识到自己是一个纯粹的、无意志的认知主体，其坚不可摧的幸福宁静与始终受限、始终不能满足的愿望冲动形成对比：这种对比与交替，实际上在所有抒情诗中都有所体现，正是它构成了抒情的心境。在抒情心境中，纯粹的认知仿佛在向我们走来，想把我们从愿望及其煎熬中释放出来；我们顺从它，但只在片刻间，愿望、对我们个人目的的记忆便一次又一次地把我们从宁静的观照中拉走；下一处的美景又一次又一次地把我们从愿望中引开，纯粹的无意志的认知就在这美景中呈现在我们面前。因此，在抒情诗和抒情情绪中，愿望（对个人目的的兴趣）和对眼前景物的纯粹静观以奇特的方式交融在一起。人们探索和猜想两者之间的关系：在一种反射作用下，主观的情绪和意志的波动给被观照的景物染上了它的颜色，反过来自己又染上了这景物的颜色。真正的诗歌是这整个心境的印记，如此混合，又如此分裂。”从这段叙述中不难看出，诗歌在这里被描述为一种未臻完美的艺术，仿佛在跳跃，却又很少达到目标，它甚至是一种半艺术，其本质在于愿望和纯粹的静观，即非审美状态与审美状态的奇妙融合。但我们还是认为，被叔本华当作价值尺度的并据以划分艺术的对立，即主观和客观的对立，在美学上是不恰当的，因为主体，即利己主义的个人，只能被看作艺术的敌人，而非艺术的起源。但是，倘若主体是艺术家，那么，他就已经从个人意志中解脱出来，仿佛成了一种媒介，使得真正存在的主体通过它庆祝自己从假象中获得解脱。无论是褒是贬，我们必须清楚的是，整部艺术喜剧绝不是为了改进、教育我们而演出的，事实上，我们也不是那个艺术世界的真正缔造者。但我们完全可以假设，对于真正的缔造者来说，我们已经是形象和艺术投影了，已经拥有了作为艺术作品的最高尊严——因为作为一种审美现象，存在和世界方才具有永恒的合理性——但是，我们对这种价值意义的意识与画布上的战士对画中所呈现出来的战役意识几乎没有什么区别。因此，我们对艺术的所有认识，从根本上说是完全虚幻的，因为我们作为外部认知者与那本质并未融为一体，也并不相同，这本质作为艺术喜剧的唯一作者和观众，为自己准备了永恒的享受。只有当天才在艺术创作行为中与这位世界原始艺术家融为一体时，他才会对艺术的永恒本质有所了解。因为在那种状态下，他才能够像不可思议的神话形象那样，神奇地转动眼珠观察自己。此时，他既是主体又是客体，既是诗人，又是演员和观众。

六

关于阿奇洛科斯，学者们研究发现，是他将民歌引入了文学。因为这一功绩，他收获了希腊人的普遍尊重，并占据了唯一与荷马并肩的地位。但是与阿波罗史诗对立的民歌又是什么呢？它不就是阿波罗与狄奥尼索斯相结合的永久痕迹吗？民歌广泛流传于所有民族，并不断新生，日益壮大，它向我们证明了自然的二元性艺术冲动是多么强烈：这种冲动在民歌里留下了痕迹，正如一个民族的狂欢活动会在他们的音乐中永久留存一样。事实上，历史可以证明，每一个民歌盛行的时代都势必受到了狄奥尼索斯潮流最强烈的刺激，因此，我们始终将狄奥尼索斯潮流视为民歌的深层基础和先决条件。

但是民歌首先被我们看作是反映世界的音乐镜子，是一种原始的旋律，这种旋律正在为自己寻找对应的梦境，并把梦境用诗歌的形式表达出来。因此，旋律是首要的，也是普遍的东西，可以在各种歌词中承载各类客观变体。在大众的朴素评价中，它也是迄今为止最为重要和必要的东西。旋律从自身产生诗歌，并不断地重新产生诗歌，民歌被划分成诗节的方式正是想告诉我们这一点。我一直诧异地看着这一现象，直到我终于找到了对此的解释。如果你用这一理论研究民歌集，例如《少年的魔角》[①]，你会发现，有无数的例子可以证明，不断产生的旋律如何在自己周围迸发出如画的火花，它是如此绚烂多姿、如此千变万化，于风驰电掣中，显示出一种与涓涓细流般的史诗完全不同的力量。站在史诗的立场上看，抒情诗的这种不均匀和不规则的形象世界只该遭到谴责；特尔潘德[②]时代中日神节中庄严的史诗吟唱者就是这样做的。

---

① 德国诗人布伦塔诺的民歌集，其中汇集了德国数百年流传的民歌，对德国浪漫主义诗歌影响深远。

② 古希腊莱斯沃斯岛的诗人、音乐家。

因此，我们在民歌的创作中看到，语言在竭力模仿音乐，而由阿奇洛科斯开启的新诗歌世界，与荷马史诗的世界从根本上即是对立的。这样看来，我们已经理清了诗歌与音乐、词语与声音之间唯一可能的关系：词语、图像、概念寻求着一种与音乐相似的表达方式，并忍受着音乐施与自己的暴力。在这个意义上，我们可以在希腊的民族语言史中看到两个主要潮流，其标准为语言是模仿现象、形象世界，还是模仿音乐世界。只要更加深入地思考荷马和品达[①]在语言色彩、句法结构、词语方面的差异，人们就能理解这一对立的意义，并且清楚地看到，在荷马和品达之间，必定回响过奥林匹斯的狂欢笛声，即使在亚里士多德时代，即音乐空前发达的时期，这笛声仍能激起酒醉式的热情，并以其原始效果激发同时代人的所有诗歌表达手段去模仿它。在这里，我想请你去关注一个我们这个时代众所周知的、在我们的美学看来似乎有失体统的现象——我们一次又一次地发现，贝多芬的交响曲总能让听众的眼前不由自主地浮现出许多形象的画面，且不同形象被汇编在同一首乐曲

① 古希腊抒情诗人，被后世的学者认为是九大古希腊抒情诗人之首。他的诗以整个希腊民族为歌颂的主体，被誉为“国民诗人”。

中，看起来是如此奇妙、如此丰富多彩，但有时却矛盾百出。在这种汇编中练习自己可怜的机智，忽略真正值得诠释的现象，恰恰就是那种美学惯有的风格。是的，即使作曲家以形象来谈及一个作品，例如，如果他称一首交响曲为“田园交响曲”,称一个乐章为“河边风景”，又称另一个乐章为“乡人欢聚”，那也只是音乐产生的譬喻式的表象而已，绝非音乐所模仿的对象。无论从哪方面看，这些表象都无法教会我们理解音乐中的狄奥尼索斯内容，事实上，它们也没有区别于其他形象的专属价值。我们现在必须把这个寓音乐于形象中释放的过程转移到一个朝气蓬勃、极具语言创造力的人群中，以便了解诗节式的民歌是如何产生的，以及全部语言能力是如何被模仿音乐这一新原则所调动的。

如果可以把抒情诗看作是诗人用形象和概念模仿音乐时闪现的光芒，那么，我们可能会问：“音乐在形象和概念的镜像中是什么样子的呢？”——是“意志”，这个从叔本华的理论中借用的词语，即美学的、纯粹静观的、无意志情绪的对立面。在这里，让我们尽可能地将本质概念与现象概念区分开来，因为音乐，从本质上讲，不可能是意志，如果它是意志，就必须被完全驱逐出艺术领域——因为意志本身就是非审美的，但是，音乐却可以表现为意志，这是因为，为了用形象表达音乐的现象，抒情诗人需要调动所有情绪，从温柔细语到疯狂咆哮；在以梦境的象征谈论音乐的这种冲动下，他仅仅把整个自然连同自然中的自己理解为永恒的欲望、追求和憧憬。但是，无论他通过音乐媒介看到的周遭一切是多么纷乱繁杂，只要他用形象来阐释音乐，他就能在风平浪静的梦境之海中安憩。真的，当他通过音乐的媒介观察自己时，他的形象好似情感未得到满足一样；他的欲望、追求、呻吟、欢呼仿佛都是他借以阐释音乐的象征。这就是抒情诗人的现象：作为一个阿波罗式的天才，他通过意志的形象来阐释音乐，而他自己则完全摆脱了意志的贪婪，从而拥有一双洞察一切的慧眼。

对于上述讨论的问题，我们坚信：抒情诗依赖于音乐精神，而音乐本身却是独立自主的，它不需要依赖形象和概念，只需容忍，与之为伴。抒情诗不能表达出音乐中一般性和普遍性的东西，于是，音乐迫使抒情诗人用形象来疏解。可见，语言绝对无法充分表达出音乐的世界象征性，而只有音乐能够象征性地指涉到太一心中的原始矛盾和原始痛苦，呈现一个高于一切现象和先于一切现象的领域。对于音乐来说，任何现象都只是一种象征而已，因此，语言作为现象的重要组成部分和表现形式，永远不会，也绝不可能把音乐的内在核心表达出来；它对音乐的模仿只停留在表面，故而无论抒情诗使用怎样华丽的辞藻，也无法让我们领略到音乐的最深层次意义。

七

现在，我们必须借助我们迄今为止讨论过的所有艺术原理，才能走出这个所谓的希腊悲剧起源的迷宫。倘若我说，这个起源问题至今尚未被认真提出过，更不要提解决了，我想不会有人不以为然。无论古代传说的碎片是如何频繁地拼了拆，拆了拼，它都向我们证明了，悲剧产生于悲剧歌队，而且最初只是歌队，除了歌队什么都不是，因此，我们有义务把悲剧歌队当作真正的原始戏剧，去探究其本质。我们绝不能满足于任何艺术上的陈词滥调，说什么歌队是理想的观众，或者说它是代表平民去对抗戏剧里的王公贵族。后一种论调在许多政治家听来是高尚的，就好像民主的雅典人把颠扑不破的道德法则都体现在了平民歌队上，这歌队总是能站在道德的制高点上，对抗着国王的猖狂无度和专横暴戾。这种说法虽然可以用亚里士多德的观点做理论支撑，但它对悲剧的溯源毫无裨益，因为平民与王公贵族的对立，以及所有的政治社会问题，一般来说，都是被排除在悲剧的纯粹宗教起源以外的；纵然我们熟悉的埃斯库罗斯[①]和索福克勒斯[②]的作品中就出现过古典形式的歌队，有人也说诗人在这里预想了“立宪人民代表制”，但那绝对是一种亵渎，然而有些人就是不怕亵渎。实际上，古代的国家宪法并没有实践过立宪人民代表制，而且在他们的悲剧中也没有“预想”过这种制度。

比这种歌队的政治起源论更有名的，是施莱格尔[③]的观点，他建议我们在某种程度上把歌队视为观众的表率和精华，“理想的观众”。如果我们将这种观点与那种认为悲剧最初只是歌队的传统说法相比较，就不难发现，这是一种粗糙的、不科学的，却又看似精彩的论断，它的精彩来源于简洁的表达形式，来源于日耳曼人

① 古希腊悲剧诗人，与索福克勒斯和欧里庇得斯一起被称为古希腊最伟大的悲剧作家，有“悲剧之父”“有强烈倾向的诗人”的美誉。

② 雅典三大悲剧作家之一。

③ 德国文学批评家、语言学家、翻译家。

对一切所谓“理想”的真正偏爱，以及来源于我们一时的瞠目结舌。一旦我们把我们所熟悉的剧场观众与歌队做对比，并自问，是否能从这些观众中想象出类似歌队的情形来，我们定会惊讶万分。我们默默地否认了这一点，然后惊愕于施莱格尔的断言是如此大胆，惊愕于希腊观众拥有如此不同的天性。因为我们始终认为，真正的观众，无论他是谁，都必须始终意识到，站在他面前的是一件艺术作品，而不是一个经验性的现实，而希腊人的悲剧歌队却不得不把舞台形象看作是真实存在的人物。扮演海神女儿的歌队真的相信他们看到了泰坦之神普罗米修斯，并认为自己真的就是舞台上的神。但是，一个人像海神女儿一样相信普罗米修斯真的在场，是真实存在的神，那他就是最高级、最纯粹的观众了吗？难道要跑上舞台，把普罗米修斯从酷刑中解救出来，才是理想观众的标志吗？我们相信观众的审美能力，一个观众越是能够把艺术作品当作艺术，即审美地来看，他就越有能力；而现在施莱格尔的观点却告诉我们，完美、理想的观众不是审美地看待剧中的世界，而是身临其境、亲身实践。哦，这些后希腊人啊！我们不禁要发出一声叹息：他们竟然把我们的美学抛在一边！甚至，我们已经习惯了这一点，因此只要谈到歌队，人们就会提及施莱格尔的观点。

但是，古代传说坚决明确地反驳了施莱格尔：歌队原本并没有舞台，也就是说，悲剧的原始形式和那个理想观众的歌队并不相通。试问，哪有一种艺术流派是从观众这个概念中引申出来的？又有哪一种艺术流派的真正形式是“观众本身”？没有表演的观众是一个矛盾的概念。恐怕，悲剧的诞生既不能用“民众对道德智慧的尊重”来解释，也不能用“没有表演的观众”这样的概念来解释，看来，这个问题太深奥了，以至于不能用某种浅薄的方式来阐述。

关于歌队的意义，席勒已经在著名的《墨西拿的新娘》[①] 序言中发表了极为宝贵的见解，他认为歌队像是有生命的围墙，悲剧将其建在周身，以便将自己与现实世界完全隔绝，借以保护他的理想城池和诗意自由。

席勒以此为主要武器，与自然主义的概念做斗争，与戏剧诗歌中普遍存在的幻觉做斗争。虽然剧院里的日子只是人为划定的，舞台布景是象征性的，有韵律的语

①《墨西拿的新娘》写于 1803 年，席勒的晚期作品。

言也带有理想特征，但一种错误观念还是彻底占据了上风。把所有诗歌的本质仅仅当作诗意的自由来容忍是不够的；引入歌队则是决定性的一步，这是在公开、勇敢地向艺术中的所有自然主义宣战——在我看来，正是这种方法，让我们这个自命不凡的时代出现了“伪理想主义”这个轻蔑的口号。我担心，我们现在对自然和真实的过高推崇，使我们走到了与所有理想主义相反的另一极端，即走入了蜡像陈列馆的区域。蜡像也是一种艺术，就像某些当代的流行小说一样，只愿不要以“用这种艺术打倒席勒、歌德的‘伪理想主义’”的论调来折磨我们。

按席勒的见解，希腊的萨提尔歌队，即原始悲剧的歌队，常常漫步于一个“理想”的舞台，一个高踞于一众凡夫俗子行走的舞台。希腊人为这个歌队建造出了虚构的自然状态下的空中楼阁，并将虚构的自然生灵置于其中。悲剧就是在此基础上演变而来的，当然，正因如此，它从一开始就被免去了痛难的现实性。然而，它并不是一个在天地之间随意想象出来的世界；相反，它是一个真实可信的世界，就像奥林匹斯山及其众神对于虔诚的希腊人一样真实可信。萨提尔作为酒神颂歌者，就生活在一个神话和崇拜皆认可、宗教又承认的现实中。悲剧从他开始，悲剧的酒神智慧借他之口说出，这让我们震惊不已，就像悲剧起源于歌队一样令人震惊。如果我提出这样一种假设，虚构的自然生灵萨提尔与文化人的关系就像酒神音乐与文明的关系一样，也许我们就获得了一个研究的出发点。对于文明，理查德·瓦格纳说，音乐掩盖了它的光辉，就像烛光在日光面前会黯然失色一般。同样，我相信，有文化的希腊人面对萨提尔的歌队，也会自惭形秽，这就是酒神悲剧产生的最直接效果：国家和社会，归根到底，即人与人之间的隔阂消失了，取而代之的是一种高度的统一感，而这种统一感又促使人们回归自然的本性。正如我们在这里指出的，真正的悲剧总会以形而上的慰藉来使我们得以解脱，无论外界如何千变万化，万物的生命本源都是坚不可摧和无比欢乐的。这种慰藉清楚地体现在萨提尔歌队中，体现在自然生灵的歌队中；它们仿佛生活在所有文明的深处，安如磐石，无论世代如何交替，民族的历史如何变迁，他们都亘古不变，永恒长存。

思想深刻的希腊人，多愁善感的希腊人，历经苦难的希腊人，他们用酒神歌队慰藉自己，果敢地直面所谓世界史的恐怖浩劫，直面大自然的凶狠残暴，却陷于效仿佛教涅槃的危险之中。艺术拯救他们，生命则通过艺术挽救希腊人而获得自救。

醉境的狂欢打破了往日的清规戒律，让人不禁产生一种迷离的感觉，使得过去发生的一切都似云烟过眼。就这样，一条遗忘的鸿沟将日常的现实世界与醉境的现实世界分隔开来。但是，一旦他们重新意识到日常生活的现实，就会顿生厌恶之感，一种万念俱灰的情绪也随之产生。从这个意义上说，醉境中的人与哈姆雷特极为相似：两者都曾洞悉事物的本质，顿悟后，便开始厌恶一切行动。因为他们的行动不能改变事物永恒的本质，所以他们认为，指望他们重新建立已支离破碎的世界是多么可笑和可耻。知识扼杀行动，行动需要用幻觉蒙蔽自我——这是哈姆雷特的教训，而不是梦想家汉斯[①]的廉价智慧——他的优柔寡断和患得患失导致了他故步自封。不是优柔寡断，不！——是真知灼见和对残酷真相的洞察力抑制了驱使行动的动机，哈姆雷特如此，醉境中的人亦如此。在这一点上，任何安慰都无济于事；渴

① 瓦格纳作品《纽伦堡的名歌手》中的主人公汉斯·萨克斯。

望超越了彼岸世界，超越了诸神本身；生存，连同它在诸神或永恒彼岸世界中的光辉返照，统统都被否定了。一旦一个人意识到曾瞥见过真理，那么在其所到之处便只能看到生存的恐怖和荒谬；现在他明白了奥菲利亚[①]命运的象征意义，理解了森林之神西伦的智慧：他厌世了。

当意志处在岌岌可危的关头，艺术带着她的魔法来了，来拯救和治愈意志，只有艺术才能把生存的恐怖和荒谬引起的厌世思想转变成人们赖以生存的表象。这些表象就是崇高和滑稽，崇高是艺术对恐怖的驯服，滑稽是艺术对荒谬的厌恶。酒神颂的萨提尔歌队即是希腊艺术的救世之举，上述的冲动情绪在这些酒神伙伴们的世界里宣泄着，酣畅淋漓。

---

① 莎士比亚戏剧《哈姆雷特》中的一个悲剧角色。

八

萨提尔和我们近代田园诗里的牧人，都是对原始之物和自然之物无限怀恋的产物，然而，希腊人坚定、果敢地拥抱了他的森林人，现代人却如此腼腆、温柔地戏耍着温情脉脉的，常常以谄媚形象示人的吹笛牧人。希腊人在萨提尔身上看到的是尚未被知识镌刻、文化之门尚未被打开的自然，但是我们不能把萨提尔和猿猴混为一谈。相反，它是人类的原型，是人类最高级、最强烈的情感表达，是因接近神明而欣喜若狂的人，是与神明共患难的伙伴，是来自自然最深处的智慧先知，是万能的自然物种的象征。希腊人每每对其心生敬畏，叹为观止。萨提尔是一个崇高而神圣的生灵：在狄奥尼索斯气质的人的痛苦目光中，它必定显得格外神圣，然而一旦面对矫揉造作、谎话连篇的牧人，它定会感到深受冒犯。它崇高的目光停留在自然界不加粉饰的宏伟笔触之上。在这里，人的本相撕下了文明幻觉的面具，显露真容，大胡子的萨提尔，正呼唤着它的神明。在它面前，文明人就显得十分渺小，他们口若悬河、丑态百出。席勒对悲剧艺术起源的见解是正确的：歌队是一道有生命的高墙，它抵御着汹涌而来的现实，因为它——萨提尔歌队——比文明人更真实、更真切、更彻底地描绘了生命，尽管后者一直把自己当作唯一的现实。诗歌的领域并不像诗人头脑中幻想出来的空中楼阁一样，存在于世界之外；恰恰相反，它是真理的不加修饰的表达，因而，它必须脱去文明人所谓现实的谎言外衣。这一自然的内在真实与自诩为唯一现实的文明谎言的对立，类似于事物的永恒核心、自在之物与整个现象世界之间的对立。悲剧给予人们形而上的安慰，以求人们明白，虽然现象在不断消亡，但是生命是永恒存在的。同样的道理，萨提尔歌队的象征意义也表达了事物本身与现象之间的原始关系。现代田园诗里的牧人其实只是一种文明幻觉，现代人却错误地将其看作自然；酒神气质的希腊人追求的才是最强有力的真理和自然——所以，他们看到自己幻化成了萨提尔。

在这样的情绪和认知下，狂热的酒神信徒成群结队、欢欣鼓舞：他们体内的力量甚至让他们在自己面前完成了自我“变身”，他们仿佛看到自己变成了再造的自然精灵，变成了萨提尔。悲剧歌队后来的结构就是对这一自然现象的艺术模仿；不过，在此过程中，将酒神的观众与酒神的着迷者区分开来是十分必要的。只是有一点，人们必须始终牢记，从本质上说，观众与歌队并不是对立的，因为阿提卡悲剧的观众在歌队中重新找到了自己，载歌载舞的萨提尔或让萨提尔代表自己的人们所组成的气势恢宏的歌队带来了一切。在这里，施莱格尔的见解必须引起我们更深层次的思考：倘若歌队是唯一的观看者，是剧中幻境的观看者，那么他们就是“理想的观众”。我们都知道，希腊人不太了解观众这个概念，因为他们的剧院是一个同心圆形的拱状建筑，观众的席位呈阶梯状层层加高，看台上的人确实有可能忽视自身周围的文明世界，沉浸在表演之中，幻想自己是歌队中的一员。那么，从这个意义上来说，我们可以把初期原始悲剧的歌队看作是狄奥尼索斯气质的人的自我反映。演员在表演的过程中亦更清楚地体会到了这一点：一个真正有才华的演员，能够看到自己所描绘的角色形象栩栩如生地浮现在眼前。萨提尔歌队首先是酒神群众的幻象，正如舞台世界是萨提尔歌队的幻象一样，这种幻象的力量强大到足以使人对“现实”的印象、对排坐在四周的文明人视若无睹。希腊剧院的形式总是会让人联想到一个孤寂的山谷：舞台上的布景宛如一幅霞光四射的云景，簇拥在山上的酒神女祭司自高处俯瞰，在这宏伟的画面之中，狄奥尼索斯的形象正在显现。

我们用来解释悲剧歌队的艺术原始现象，依照我们关于基本艺术过程的学术观点来看，几乎是有失体统的。但可以肯定的是，诗人之所以是诗人，是因为他能看到充斥在他周身的各种栩栩如生的人物形象，并且能够洞察他们的内心世界。其实，现代人的天赋中存在着一些特有的缺陷，我们倾向于将审美的原始现象想象得过于复杂、过于抽象；然而对于真正的诗人来说，隐喻不是一个修辞手段，是代替了某一概念且在他心中真正浮现的形象。对他来说，人物不是由一个个特征拼凑而成的组合体，而是一个闯入他眼帘的活生生的人，他与画家类似幻想的不同之处在于，他的人物是在持续不断地生活和行动的。为什么荷马比其他诗人描写得更加生动？因为他看到的更多。我们如此抽象地谈论诗歌，是因为我们都是糟糕的诗人。归根到底，审美现象是简单的。如果一个人总能看到周围的勃勃生机，总是生活在成群结队的精灵中间，那么，他就是一个诗人；如果一个人产生变成他者，并借其身体和灵魂说话的冲动，那么，他就是一个戏剧家。

酒神式的兴奋能够将这种艺术天赋传达给整个群体，让他们看到自己被这样一群精灵包围着，并且知道自己与他们是心灵相通的。悲剧歌队的这一过程就是戏剧的原始现象，即看到自己在自己面前转变，仿佛自己真的进入了另一个身体，进入了另一个角色，这个过程其实就是戏剧发展的起源。然而，悲剧歌队与吟诵诗人是不同的。后者并不与诗中的人物形象融为一体，而是像画家一样，以一种置身事外的眼光观察他们；前者则舍弃自我，转变为一种异己的天性，这种现象极具传染性，成群结队的人们都沉浸其中，发生了相同的转变。因此，酒神颂在本质上不同于任何其他形式的合唱歌曲。那些手持月桂树枝，吟唱着祭祀游行歌曲，庄严地走向阿波罗神庙的少女们，仍然保持着她们的身份和名字。而悲剧歌队则是“变身者”的歌队，他们将一切抛诸脑后，跨越时间，跨越社会地位，成了神的永恒仆人。所有希腊抒情歌队都只是阿波罗式独唱者的极度放大而已，而在酒神颂中，我们看到的是一群无意识的演员，他们在彼此身上看到了自己的变化。

魔变是所有戏剧艺术的先决条件。在魔变的过程中，酒神的狂热者把自己看成是萨提尔，而作为萨提尔，他又看到了神，也就是说，在他的转变中，他看到了自己以外的新幻象，这就是他梦境的形成。有了这个新幻象，戏剧就产生了。

根据这一认识，我们必须把希腊悲剧理解为酒神的歌队，它总是在阿波罗式的意象世界中重新迸发。因此，那些与悲剧交织在一起的合唱部分，在某种程度上是整个所谓对话的母胎，即整个舞台世界的母胎，是戏剧本身的母胎。在多次连续的释放中，悲剧的原始基础折射出戏剧的幻象，这幻象完全就是一种梦境，在某种程度上带有史诗的性质；但在另一方面，它作为酒神状态的客观化产物，并不是日神在假象中的释放，恰恰相反，它是个体的破碎及其与原始存在的合二为一。因此，戏剧是酒神认知和酒神效果在日神梦境中的映射，并因此与史诗区分开来，仿若两者中间存在着一道巨大的鸿沟。

希腊悲剧的歌队，及其兴奋的酒神群体象征，在我们的观点中已得到充分的说明。然而，我们习惯了现代舞台上的歌队，特别是歌剧歌队的地位，所以我们完全无法理解为什么传统观点会认为，希腊的悲剧歌队比本来的“情节”更古老、更原始，甚至更重要。在我们的认知中，希腊悲剧歌队是由身份卑微的仆人组成的，甚至最初由山羊模样的萨提尔扮演，我们无法认同悲剧歌队的高度重要性和历史起源性。然而，虽然舞台前的乐队对我们来说仍是一个谜，但我们现在已经有了新的认识：舞台和情节只是一种幻象，只有歌队才是唯一的“现实”，而歌队本身又产生了一种幻象，并用舞蹈、歌声和言语等一切象征手段来讲述它。这个歌队在幻象中看到了他们的主人和导师酒神狄奥尼索斯，他们永远是侍从的身份；他们还看到这位神明如何承受苦难，如何歌颂自己，因此他们决定不采取任何行动。然而，作为服侍神明的角色，自然的最高表达，即酒神式的表达，他们会像自然一样，在亢奋中脱口而出神谕和智慧的箴言。他们既是共同承受苦难的人，也是一个从世界中心宣告真理的智者。由此，便产生了聪明而热情的萨提尔，这个神奇而又不成体统的形象，与酒神相比，他是一个“哑角”，是自然及其最强烈冲动的写照，甚至是自然的象征，同时也是自然智慧和自然艺术的预言家，集音乐家、诗人、舞者、巫师于一身。

根据上述见解和传统说法，狄奥尼索斯，这个舞台上真正的主角和幻象的焦点，在悲剧的最初阶段，并没有真正出场，只是被想象在场而已，也就是说，最初的悲剧只是“合唱”，不是“戏剧”。后来人们才试图将真的酒神形象搬到舞台上，将这个幻象人物连同他身上散发的光辉呈现给每一位观众，于是，狭义上的戏剧就此产生。现在，酒神歌队被赋予了一项新任务——刺激观众达到酒神醉境的状态，以便舞台上上演悲剧时，观众看到的不是戴着奇形怪状面具的演员，而是他们在迷离状态下眼前所出现的一个幻象。让我们想象一下，阿德墨托斯[①]深切地缅怀着他刚刚去世的妻子阿尔刻提斯，完全沉浸其中，不能自拔，进而日渐消瘦——突然，一个头戴面纱的女子被带到他的面前，身形和走路的姿态

① 古希腊神话中弗里城国国王，后引得女神愤怒，其妻愿为替死。最终，赫拉克勒斯在墓前与死神搏斗，使妻子阿尔刻提斯得以复生。

都酷似他的亡妻。你能想象到他当时多么颤抖不安，多么焦急地打量着女子的身形，并凭借本能的信念确认这就是他的妻子吗？如果能，那么你就有了一种类似于醉境里的观众看到酒神走上舞台的感觉，此刻仿佛已经感同身受了神的痛苦。他不由自主地把心中若即若离的酒神形象转移到那个戴着面具的演员身上，从而把演员之现实幻化成超自然的非现实。这就是阿波罗式的梦境，在这梦境中，白昼的世界蒙上了一层面纱，一个全新的，比以往更清晰、更容易理解、更让人感动的却又更加梦幻的世界，在我们的眼前不断变化，不断更新。现在，我们在悲剧中发现两种相互对立的风格：酒神歌队的抒情诗和舞台上的日神梦境是两种截然不同的表达领域，两者在语言、色彩、动作和言语动态上大相径庭。当酒神精神物化成日神现象，便不再是像歌队音乐那样的“一片永恒的海洋，一种变幻的交织，一段炙热的生命”[①]，也不再是那些只可感知、不可意会的力量，这力量让酒神的热情仆人感受到了神的亲近。现在，从舞台上传来的，是史诗般清晰而坚定的对白；现在，酒神不

① 参见歌德《浮士德》第一部。

再是用力量说话，而是作为一个史诗英雄，用几近荷马的语言说话了。

九

在希腊悲剧的日神部分中，即对话中，一切浮于表面的东西，看起来都是简单、透明、美丽的。从这个意义上说，对话是希腊人的映象，而他们的天性则表现在舞蹈上，因为在舞蹈中最强大的力量虽然是潜在的，但已在柔韧丰富的动作中显露出来。索福克勒斯的英雄们说着日神般坚定且明朗的话语，是如此令我们叹为观止，以至于我们当即认为，我们可以窥探到他们的内在本质，并不禁惊讶于这深入本质的道路是如此之短。但是，倘若我们抛开浮于表面的、清晰可见的英雄性格不谈——从根本上说，这性格不过是投射在黑暗墙壁上的光影，即彻头彻尾的现象而已——而是深入探究反照在这明亮镜面上的神话，我们会突然体验到一种与熟悉的光学现象完全相反的现象。如果我们试图直视太阳，却又因刺眼而掉转头去，我们的眼前就会出现暗色的斑点，来帮助我们恢复视力；反之，索福克勒斯的悲剧英雄们的光影现象，简言之，即戴了面具的日神现象，就是窥见了自然的内在核心和可怕本性的必然产物，就像是帮助我们那受伤的双眼在恐怖的黑夜中恢复视力的亮色斑点。只有在这个意义上，我们才能相信，我们正确理解了“希腊达观”这一严肃而重要的概念。然而今天，我们随处可见达观这一概念被误解为安全舒适的生活状态。

希腊舞台上最悲惨的人物，不幸的俄狄浦斯，在索福克勒斯笔下，是一个高尚的人，他虽智慧过人，却注定要走向错误，承受痛苦。然而，在历经苦难之后，他的周身产生了一种神奇的、赐予他人福泽的力量，这力量在他去世后仍然发挥着作用。思想深刻的诗人想要告诉我们，这个高尚的人没有犯罪，虽然他的行为可能会导致一切法律、一切自然秩序，甚至整个道德世界的崩塌，但恰恰是这些行为产生了更深远、更不可思议的影响，这影响在被推翻的旧世界的废墟上建立起一个新世界。这就是诗人，同时也是一位宗教思想家，想要告诉我们的东西：作为一个诗人，他首先向我们展示了一个如绳结般错综复杂的诉讼案件，法官抽丝剥茧地想要理清它，却在这过程中毁灭了自己。这种辩证的解决方法给希腊人带来了超乎寻常的快感，这快感如此强烈，以至于整个作品都弥漫着欢愉祥和的气氛，削弱了这个案件发生的可怕前提。在《俄狄浦斯在科罗诺斯》①这部戏剧中，我们也感受到了同样一种欢愉，但这欢愉又发生了无限的转变。这位过尽千帆的老人，俨然是一个苦命人。然而就在他默默承受着施加在他身上的一切苦难时，一种超然的宁静平和自神界降临，并晓谕我们：英雄因他纯粹的被动态度而达到了远远超过其生命的主动性，而他前半生有意识的努力和奋斗则只引他陷入了被动。在世人眼中无解的俄狄浦斯之结在这里却慢慢解开了。当我们看到辩证法的这一神圣的对立物时，心中油然而生一种最深层次的喜悦。倘若这种解释道出了诗人的本意，那么我们还可以问，这神话的内涵是否业已

① 古希腊作家索福克勒斯晚年的作品，《俄狄浦斯王》的续集，主要讲述了俄狄浦斯杀父娶母，刺瞎自己双眼，自我放逐后又成为英雄的故事。

随之穷尽？我们在这里看到，诗人的全部见解无非是那个我们看了一眼深渊之后，自然赋予我们治疗眼睛的光影。俄狄浦斯弑父娶母，破了斯芬克斯之谜！这神秘的三重厄运告诉了我们什么？有一种古老的、流行于波斯的民间信仰认为，智慧的巫师只能生于乱伦。想到俄狄浦斯揭开谜底，迎娶母亲的命运，我们马上就明白了：凡在某些预知未来的神秘力量能够打破现在和未来的壁垒、打破僵硬的个体化原理以及一般来说自然的真正魔力的地方，必定会先发生违背自然的现象——比如，俄狄浦斯故事里的乱伦：因为如果不违反自然，即依靠非自然的手段战胜自然，怎么能迫使自然揭示其秘密呢？俄狄浦斯那可怕的三重厄运清晰地说明了这个道理：因为他能够解开具有双面性的斯芬克斯的自然之谜，所以他必先打破了自然最神圣的秩序，做出了弑父娶母的行为。是的，神话似乎想悄悄告诉我们，智慧，尤其是酒神的智慧，是一种反自然的恶行，通过知识使自然陷入毁灭的深渊的人，就必须在自己身上体验自然的消解。“智慧的锋芒转而刺向智者；智慧是扼杀自然的元凶”，这样可怕的话语是神话对我们喊出的骇言，但希腊诗人如一缕阳光般照耀在神话中崇高而可怕的门农巨像[①]上，使它突然响起了索福克勒斯的旋律！

现在，我要对比一下俄狄浦斯的被动性荣耀与普罗米修斯的主动性荣耀。思想家埃斯库罗斯在这里要告诉我们的，是他作为诗人只能让我们通过他的象征性形象来猜测的思想，而这思想已经被年轻的歌德借他的普罗米修斯之口大胆地揭示出来了：

我坐在这里，
以我的形象，
塑造着人类，
与我一样，
受苦、流泪，
享受、欢喜，
而不去关心你，
正如我一样！[②]

这个人把自己提升至泰坦巨神的高度，为赢得自

① 矗立在尼罗河西岸和国王谷之间原野上的两座岩石巨像。

② 参见歌德《普罗米修斯》。

已的文明而战，迫使众神与他结盟，因为他用自己特别的智慧，将众神的存在和界限掌握于手中。就基本思想而言，这首普罗米修斯的诗，实则是对亵渎神明的赞美，但它最精彩的地方是埃斯库罗斯对正义孜孜不倦的追求：一方面是勇敢的“个人”所承受的不可估量的痛苦，另一方面是神预感到诸神末日的困境，这两个世界的痛苦力量迫使双方和解，去实现形而上的统一——所有这些都不禁让人想起埃斯库罗斯世界观的核心和基本原则，它认为莫伊拉作为永恒的正义高居于诸神和人类之上。当埃斯库罗斯以惊人的胆识将奥林匹斯诸神世界置于他正义的天平上时，我们必须牢记，深沉的希腊人在其秘仪中有着不可动摇的坚实的形而上的思想基础，他所有怀疑的冲动都可能会在奥林匹斯诸神身上得到释放。希腊艺术家在面对这些神明时尤其会产生一种模糊的、相互依赖的感觉，而这种感觉恰好在埃斯库罗斯的《普罗米修斯》中得到了象征性的表现。这位泰坦艺术家有着一种坚定的信念，相信自己可以创造人类，至少可以摧毁奥林匹斯众神，而这一切都要靠他的高超智慧来实现，当然，他也被迫通过承受永恒的痛苦来赎罪。这位伟大天才的杰出“才能”（即使以永恒的痛苦来换取也是值得的），是艺术家苦涩的骄傲，这就是埃斯库罗斯悲剧诗的内涵和灵魂，而索福克勒斯却在他的《俄狄浦斯》中高唱圣徒凯旋的序曲。然而，即使埃斯库罗斯对这则神话做出了这样的解释，也还是没有说尽它深不可测的恐怖。相反，艺术家面对成长时的快乐，无视一切灾难进行艺术创作的喜悦，只是映照在黑暗苦海上的云空之影罢了。普罗米修斯的传说是整个雅利安民族的原始财产，也是他们擅长深刻的悲剧性题材的佐证。事实上，这个神话对于雅利安人，很可能与人类堕落的神话对于闪米特人一样，具有表明性格特征的意义，而且这两个神话之间存在着一定程度的兄妹般的亲属关系。普罗米修斯神话创作的前提是，天真的人类将火作为一切新兴文化的真正守护神，给予了火过高的估价，但实际上人类可以自由控制火，而不是仅仅依靠上天的馈赠而获得火，如闪电取火或日照取火。这在那些长于沉思的原始人类看来是一种亵渎行为，是对神圣自然的掠夺。因此，这个原始的哲学问题就在人与神之间激发出一种尴尬的、无法调和的矛盾，它如巨石般堵住所有文明的大门。人类所拥有的最美好、最崇高的东西，是通过亵渎神明得来的，现在就必须为此付出代价，即受到冒犯的神明必将使这兴起的人类遭受如滔滔洪水般的痛苦和烦恼。这是一个令人痛苦的想法，它赋予亵渎以尊严，与闪米特人的堕落神话形成了鲜明的对比。在闪米特人的神话中，好奇、伪装、诱惑、淫乱，总之，一系列主要是女性的激情均被视为万恶的根源。雅利安人观念的不同之处在于，把主动的罪恶看作是普罗米修斯的真正美德。与此同时，我们发现悲观主义悲剧的伦理基础就是为人类的不幸辩护，实际上，也是为人类的罪行和因此而蒙受的痛苦辩护。

对于事物本质中的罪恶，深沉的雅利安人并无意为其开脱。这罪恶，还有世界中心的矛盾，在雅利安人眼中是不同世界的交错混乱，例如，神的世界和人的世界，当两者分开作为单独个体时都是对的，但当其中一方想与另一方共存时，就要为其个体化而承受苦难。当个人勇敢地追求共性，试图打破个体化的界限，想要成为整体世界的本质之本身时，就会遭遇隐藏在事物中的原始矛盾，也就是说，他犯下了罪行，并要因此而承受痛苦。因此，雅利安人把亵渎理解为男人，闪米特人把罪恶理解为女人，就像最初的原罪是由男人犯下的，本罪是由女人犯下的。关于这一点，歌德的女巫歌队唱道：

女人已走千步长，
我们不必太认真。
不管女人有多快，
男人一跃便跟上。[①]

普罗米修斯传说的核心思想就是一个勤奋努力的人必定会犯罪，凡是理解这一点的人，都会同时感受到这种悲观观念的非日神性质，因为阿波罗正是通过在个体生命之间划定界线，并以“自我认知”和“适度”的要求反复提醒他们注意这些最神圣的世界法则，来使个体获得内心的宁静。但是，为了使这种日神的思想倾向不至于将形式固化成埃及式的僵硬与冷酷，为了在努力划定每一道波浪的路线和范围时，不至于使整片海洋静止，酒神的高潮会不时地摧毁所有那些片面的阿波罗式的“意志”，并试图冲垮围绕着希腊世界的一切小堤坝。然后，这突然倾泻而出的酒神洪波背负起个人的小波浪，就像普罗米修斯的兄弟，泰坦之神阿特拉斯背负起

① 参见歌德《浮士德》第一部。

地球一样。这股泰坦式的冲动想要成为所有个人的阿特拉斯，并用其宽阔的臂膀将其托举得越来越高、越来越远。这就是普罗米修斯和狄奥尼索斯的共同之处。就此而言，埃斯库罗斯笔下的普罗米修斯就是戴着面具的酒神，而就上述深刻的正义感而言，埃斯库罗斯又泄露了他的日神父系血统，原来普罗米修斯是这位明智的个体化之神、正义界限之神的后代。因此，埃斯库罗斯的普罗米修斯具有双重人格，既有酒神的特质，又有日神的特质，我们可以用下面一句话简明扼要地加以表述："一切存在的东西既是正义的又是不正义的，而两者又都是合理的。"

这是你的世界！这就是一个世界！——[①]

① 参见歌德《浮士德》第一部。

十

这是一个无可争辩的传统：希腊悲剧最古老的形式只以酒神的苦难作为主题，在很长一段时间内，唯一的舞台英雄就是酒神狄奥尼索斯。但同样可以肯定的是，在欧里庇得斯之前，酒神从未停止过成为悲剧英雄，希腊舞台上所有著名的人物如普罗米修斯、俄狄浦斯等都只是那个原始英雄狄奥尼索斯的面具。所有这些面具的背后都有一个神灵，这就是为什么这些著名人物常常具有让人赞叹不已的典型的“理想性”。我不知道是谁说的，所有作为个体的人都是喜剧性的，因此是不具悲剧性的。由此可以推断，希腊人根本无法忍受个体出现在悲剧的舞台上。的确，他们似乎自带这样一种的感觉：柏拉图对“理念”与“映象”、形象的区分和评价似乎深深植根于希腊人的本性之中。如果用柏拉图的术语来说，我们可以把希腊舞台上的悲剧人物说成是：一个真正真实的酒神以多种形象示人，他戴着战斗英雄的面具，深陷于个人意志的罗网之中。因此，这位出现在舞台上的神，其一言一行皆像一个犯错的、挣扎的、受苦的个人；他的行为如史诗人物般清晰而明确，这是释梦者阿波罗的功劳，他通过这种象征性现象向歌队诠释了他的酒神状态。然而，实际上，这位英雄就是秘仪中所祀奉的受难者酒神狄奥尼索斯，那位亲身体验到个体化之痛的神。许多令人惊奇的神话讲述了他如何在儿时被泰坦众神肢解，并在这种状态下以查格留斯[①]之名被崇拜。它暗示着，这种肢解，即酒神真正意义上所承受的苦难，犹如一场向气、水、土和火的转化，我们必须将个体化状态视为所有痛苦的根源和始因，视为本身应受谴责的东西。从酒神的微笑中诞生了奥林匹斯众神，从他的泪水中诞生了人类。作为被肢解的神，狄奥尼索斯

① 传说为酒神狄奥尼索斯的原名，宙斯与女儿乱伦生下的儿子，因赫拉的嫉妒而被泰坦巨神肢解，后又借腹二次诞生。

具有双重人格，他既是残忍、野蛮的恶魔，又是温和、仁慈的君主。但秘仪信徒仍然希望狄奥尼索斯能够再一次重生，我们完全可以预感到，这将意味着个体化的终结；秘仪信徒的欢歌响彻云霄，只为庆祝即将第三次降生的狄奥尼索斯。只有抱着这种希望，那被撕裂的、已分裂成无数个体的世界的面孔才焕发出一丝喜悦。有关德墨忒尔[①]的神话故事形象地呈现了这一画面：当这位沉浸在永恒悲痛中的女神被告知可以再次生下狄奥尼索斯时，她终于再一次展露笑颜。上述观点中已经包含了所有深刻而悲观的世界观要素，同时隐含了悲剧的神秘教义：对“万物统一”的基本认识，对“个体化是万恶始因”的沉思，以及对“艺术是打破个体化界限、恢复统一的希望”的预知。

前文已经提到，《荷马史诗》是奥林匹斯文化的诗歌，是奥林匹斯文化战胜可怕的泰坦诸神的凯歌。现在，荷马的神话又在悲剧诗歌的巨大影响下重新诞生，在这种轮回转世中我们看到，奥林匹斯文化也在这一过程中被一种更为深刻的世界观所击败。倔强的泰坦巨

① 古希腊神话中司掌农业的谷物女神，亦被称为丰饶女神，为奥林匹斯十二主神之一。

神普罗米修斯向折磨他的奥林匹斯神宣布，如果他们不及时与自己结盟，终有一天，其统治会受到最严重的威胁。在埃斯库罗斯的笔下，我们看到惊恐的宙斯与泰坦巨神普罗米修斯联盟，因为他害怕自己的统治被终结。就这样，早期的泰坦时代后来得以从塔耳塔洛斯[①]放出，重见天日。狂野而率真的自然哲学，以真理未加掩饰的表情，看着荷马世界飞舞而过的神话；它们在这位女神闪电般的目光前脸色苍白，瑟瑟发抖——直到酒神艺术家的铁拳迫使它们为新的神明服务。酒神的真理接管了整个神话领域，以之当作它的认识的象征，其中一部分在公开的悲剧庆典中道出，一部分在不公开的戏剧性秘仪中道出，但不管怎样，它总是披着古老神话的外衣。是什么力量将普罗米修斯从秃鹰的利爪下解救出来，并将神话转变为酒神智慧的载体？是音乐的赫拉克勒斯[②]般的力量。音乐在悲剧中臻于完美，能够从全新的角度对神话做出更加深刻的诠释。早先，我们已将这一特征定义为音乐最强大的力量。因为每一个神话的命运都是逐渐潜入一个所谓历史现实的狭窄空间内，并被后来的某

①“地狱”的代名词，地狱冥土的本体。战败的泰坦神被囚禁在这里。

② 古希腊神话中最伟大的英雄，宙斯与阿尔克墨涅之子，天生力大无穷。

个时代当作具有历史意义的独特事实来对待的。而希腊人已经完全走上了这样一条道路：将他们整个神话式的青春梦想以巧妙、随意的方式打上实用史学的青春期烙印。因为宗教就是这样趋于消亡的：当一种宗教的神话前提，在正统教条主义的严格、理性的目光下，被系统化为历史事件的总和；当人们开始焦急地捍卫神话的可信性，却又抵制其任何自然的延续和发展；当人们对神话的热情逐渐消失，被宗教需要历史基础的要求取而代之时，宗教就走向了消亡。现在，酒神音乐的新生天才抓住了这垂死的神话。神话在它手上重新焕发生机，绽放出前所未有的色彩，散发出一抹芬芳，唤起了人们对一个形而上世界的渴望和憧憬。但是在绽放最后一道光芒之后，神话之树就此凋零，花残叶落，很快，喜好嘲讽的卢奇安[①]们就开始四处追逐那随风飘散、枯萎衰败的花朵。神话通过悲剧实现了最深刻的内容和最富表现力的形式。它像一个受伤的英雄，再一次挣扎着站起，用尽全部的力气，加之临终前的明智冷静，眼中燃起最后一道灿烂的光辉。

---

① 古希腊讽刺散文作家，无神论者，他出生在罗马帝国统治下的叙利亚境内的萨莫萨塔城。

你，亵渎神明的欧里庇得斯，竟然想要强迫这个垂死的人再次欣然为你服务，你到底是何居心？他已死于你无情的铁腕之下，而你现在又想要一个伪造的神话，它就像赫拉克勒斯的猴子一样，只知道用古老的华服装扮自己。正如神话因你而死，音乐的天才也死在你的手上，即使你贪婪地掠夺了所有音乐花园，你也只收获了一种伪造的音乐。因为你抛弃了酒神，日神也离你而去。即使你把所有的激情赶出他们的栖息地，放逐到你的领地；即使你为你的英雄们能够高谈阔论而练就了一套诡辩的辩证法——你的英雄们也只有虚情假意的热情，只会鹦鹉学舌般地说话。

十一

希腊悲剧的灭亡不同于所有以往的姊妹艺术的灭亡：希腊悲剧死于自杀，一场无法解决之冲突的结果，因此是悲剧性的，而其他艺术形式都是在最美丽、最平静的年纪寿终正寝的。如果说留下绵延的子嗣，毫无遗憾地辞世才是符合幸福的自然状态的话，那么以往艺术形式的结局就向我们展示了这样一种幸福的自然状态：他们慢慢地走向消亡，在行将就木之时，眼前已经站着比他们更优秀的后代，正以勇敢的姿态急不可耐地昂起头来。然而，在希腊悲剧灭亡后，随之出现的是一种深深的、无处不在的巨大空虚，就像曾经在提比略[①]时代，希腊水手在一个孤岛上听到的震耳欲聋的呼喊“伟大的潘[②]死了”一样，现在，希腊世界的上空也回响着一种痛苦的哀号：“悲剧死了！诗歌本身也随之失去了意义！滚吧，带着你们这些发育不良的、憔悴的后生们滚吧。滚到冥府去吧，这样你们还能就着你们先辈大师的残羹冷炙饱餐一顿！”

然而现在，一种新兴的艺术流派正在开花结果，它把悲剧当作尊崇的先母和前辈，人们惊讶地发现，它确实具有与母亲极为相似的面容，但却是母亲在漫长的死亡挣扎中所展现出的愁容。正在经历着悲剧的垂死挣扎的是欧里庇得斯，这后起的艺术流派被称为阿提卡新喜剧。退化了的悲剧形态犹如一座丰碑继续留存于新喜剧中，以此来纪念悲剧极为悲惨的暴毙。

有了这样的关系，我们就能理解为什么新喜剧诗人如此狂热地喜爱欧里庇得斯了，斐勒蒙[③]的愿望也不足为奇了——他说要是死者仍然是神志清醒的，他愿意立

---

① 罗马帝国第二位皇帝。

② 古希腊神话中的牧神，掌管牧羊、自然、山林乡野。

③ 古希腊新戏剧作家。

即被绞死，只为能到冥府去拜访欧里庇得斯。然而，如果让我们简明扼要地指出欧里庇得斯与米南德[1]和斐勒蒙有什么共同点，欧里庇得斯身上又有什么值得让他们争相模仿，那么只说一点就够了：欧里庇得斯把观众带上了舞台。谁要是知道欧里庇得斯之前的普罗米修斯的悲剧作家们使用了何种材料来塑造他们的英雄形象，以及将现实的忠实面具搬上舞台与他们的意图是多么相距甚远，他就会意识到欧里庇得斯与他们有着完全不同的艺术倾向。因为有了欧里庇得斯，普通人才得以从观众厅挤上舞台。戏剧这面镜子，以前只展现伟大而果敢的面容，现在却照出了尴尬的忠实，甚至故意再现自然的败笔。奥德修斯[2]，古代艺术中典型的希腊人，现在在新兴诗人的笔下沦为格拉库罗斯[3]的形象，从现在开始，他便以善良狡黠的家奴形象成了戏剧趣味的中心。在阿里斯托芬[4]的《蛙》中，欧里庇得斯自恃有功，因为他用最常见药品就治好了悲剧艺术华而不实的臃肿症，这一

① 古希腊雅典城邦新喜剧诗人，出生于雅典，贵族出身。

② 古希腊神话中的英雄，对应古罗马神话中的尤利西斯。

③ 古罗马人对古希腊人的蔑称，意为“小希腊儿”。

④ 古希腊早期喜剧代表作家，有“喜剧之父”之称。

点我们首先可以在他的悲剧英雄身上感受到。实际上，观众在欧里庇得斯的舞台上所看到和听到的都是自己的化身，他们欣喜地发现自己的化身竟如此能言善辩，但他们没有满足于这份喜悦，而是进而向欧里庇得斯讨教了如何谈吐。关于这一点，欧里庇得斯在与埃斯库罗斯的竞争中也自夸道：人们是从他这里学会了如何以最巧妙的诡辩术来观察、谈判和得出结论。正是通过公众语言的这一革新，他使新喜剧的诞生成为可能。因为从现在开始，戏剧舞台如何表现俗世生活，戏剧演员又会使用什么样的箴言，已经不再是一个秘密了。欧里庇得斯把所有的政治希望都建立在平凡的市民身上，现在他们终于拥有发言权了，而在此之前，语言的特征在悲剧中由半神决定，在喜剧中由醉酒的萨提尔或半人决定。因此，让阿里斯托芬笔下的欧里庇得斯引以为傲的是，他描绘了普通的、众所周知的、每个人都有资格评判的日常生活和行为。如果现在所有民众都能探究哲理，能以闻所未闻的谨慎态度管理土地和财产，能提起诉讼，那就是他的功绩，是他向人民灌输智慧的成果。

现在，新喜剧面对的就是一群有准备的、开化的民众了，欧里庇得斯在某种程度上已经成为新喜剧歌队的导师，只是这一次，观众歌队必须好好训练一番。一旦这个歌队经过训练学会了用欧里庇得斯的调子唱歌，一种弈棋般的戏剧类型就产生了，那就是新喜剧，它靠着狡猾和诡计不断地获胜着。但欧里庇得斯，这位歌队的老师，还是持续受到赞扬；真的，如果不是知道悲剧诗人像悲剧一样已经死去，人们宁愿殉葬，也要跟去多学一点东西。然而，随着悲剧的死去，希腊人放弃了对不朽的信念——他们不仅放弃了对理想过去的信念，也放弃了对理想未来的信念。众所周知的墓志铭[①]中的一句“老者轻浮又古怪”也适用于年迈的希腊化时代。瞬息万变、谑笑科诨、漫不经心、喜怒无常是那个时代最高的神灵；第五等级，即奴隶等级，现在要当权了，至少在精神上是如此。如果说还存在“希腊式的乐天”，那就是奴隶的乐天了，他们不知有什么重大责任需要承担，不知有什么伟大事物需要追求，他们只顾当下，而无虑过去和未来。正是这种“希腊式乐天”的假象，激怒了基督教时代最初四个世纪里深沉而恐怖的人物。对他们来说，这种像女人一样逃避严肃和恐怖，像懦夫一样沉

① 参见歌德《讽刺诗 · 墓志铭》。

溺于舒适和享乐的精神状态，不仅是可鄙的，实际上更是反基督教的。正是由于这种精神状态的影响，积淀了几个世纪的希腊古代世界观，一直保持着那种淡红的乐天色彩——仿佛从来没有出现过那个诞生了悲剧、秘仪、毕达哥拉斯和赫拉克利特的公元前六世纪，甚至连那个伟大时代的艺术作品都未曾存在过似的。这些现象就其本身而言根本无法用这种年迈的生存欲望和奴性的乐天精神加以诠释，很明显，它们以一种完全不同的世界观作为其存在的理由。

如果有人声称，欧里庇得斯把观众带到舞台上，是为了使观众第一次真正拥有能力评判戏剧，那么，就会产生一种假象，让人们以为从前的悲剧艺术一直无法摆脱与观众格格不入的状态，人们可能还会称赞欧里庇得斯在艺术作品与观众之间实现了某种对应关系的激进倾向，认为这是超越索福克勒斯而取得的进步。但“观众”只是一句空话，并不具有同等持久的价值。凭什么艺术家就有义务去迎合一支只在人数上有优势的队伍呢？再者，如果他觉得自己的才能和志向比任何一个观众都更胜一筹，那么，与所有这些能力低于他的观众所表达的舆论相比，他又怎么会更加尊重相对来说最有才能的个别观众呢？事实上，没有哪个希腊艺术家像欧里庇得斯这样，在漫长的一生中，如此大胆、如此自负地对待他的公众：他甚至在群众拜倒在其脚下时，趾高气扬地公开打了他自己的倾向一记耳光，而他正是以这种倾向征服群众的。这位天才哪怕对观众的舆论有一丁点儿的敬畏之心，他都有可能在职业生涯还未过半之时，就因失败的打击而一蹶不振了。由此考量，我们看到，关于欧里庇得斯将观众带入舞台以使观众真正具有判断能力的表述只是一个暂时性的假设，我们必须寻求对他戏剧倾向的更深层次的理解。相反，众所周知，埃斯库罗斯和索福克勒斯终其一生，甚至在他们死后的很长一段时间里，都深受人们的青睐，因此，对于欧里庇得斯的这些前辈来说，绝对不可能存在艺术作品与观众之间格格不入的问题。是什么驱使这位天赋异禀，又坚持不懈创作的艺术家，如此猛烈地偏离了这条沐浴在最伟大诗人名字的阳光下，头顶着象征大众青睐的万里晴空的道路呢？是出于对观众怎样的奇怪考虑导致他背离观众呢？他怎么能因为对公众的过度重视而无视他的观众呢？

这就是刚才那个谜的谜底：欧里庇得斯觉得自己作

为一个诗人高于他的观众，但其中有两位不在他之下：他把观众带到了舞台上，而把这两位观众尊为他所有艺术的唯一裁判和导师。按照他们的指示和告诫，他把整个感情、激情和经验的世界，即直到现在还作为一个无形的歌队出现在每场节日演出的观众席上的这个情感世界，转移到他的舞台英雄的灵魂中去。当他为这些新角色寻求新词汇和新音调时，他屈服于他们的要求；当他再次看到自己被公众的舆论所谴责时，只有在他们的声音中，他才能听到对其作品的有效判词，以及对必胜信念的鼓励。

在这两个观众中，一个是欧里庇得斯本人，注意，是作为思想家的欧里庇得斯，而不是作为诗人的欧里庇得斯。人们可以说，他异常丰富的批判才能，与莱辛的批判才能类似，即使没有产生，至少也是在不断刺激他产生创作的艺术冲动。凭着这种才能，凭着他清晰敏捷的批判性思维，欧里庇得斯曾坐在剧场里，努力地重新认识他伟大前辈的杰作，就像面对着一幅褪色的油画，一点一滴地，一笔一画地鉴赏。在这里，他遇到了一些对于洞悉埃斯库罗斯悲剧深层奥秘的人来说，一定不会感到意外的事情：他在埃斯库罗斯的字里行间察觉到了一些深不可测的东西，表面极具欺骗性，同时具有一种神秘的深度和无垠的背景。即使最清晰的人物形象也拖着一条彗尾，似乎在暗示着某种不确定的东西。同样的朦胧境界也笼罩着戏剧的结构，尤其是歌队的意义。而解决伦理问题的办法在他看来是多么令人怀疑！对神话的处理是多么有待商榷！幸和不幸的分配是多么不平！即使在更古老的悲剧语言中，也有许多东西在他看来是不成体统的，至少是难以理解的，特别是他发现剧中用了太多华丽的词藻来描述简单的关系，简单的人物又陷入俗套和浮夸。于是，他坐在剧场里，不安地沉思，而后不得不承认，作为观众的他并不理解他的伟大前辈们。但是，如果他认为理解是一切欣赏和创作的真正前提，那他就必须环顾四周，问一问是否有人和他一样，也承认自己不理解前辈们的戏剧。但是许多人，包括最优秀的几个人，都只对他报以一个怀疑的微笑；没有人能够向他解释为什么伟大的大师们始终是正确的，尽管他对此心存疑虑并表示反对。在这种痛苦的状态下，他发现另一个观众也不理解这个悲剧，因此也不尊重这个悲剧。于是，他与之联盟，摆脱了孤立的状态，并敢于开始与埃斯库罗斯和索福克勒斯的艺术作品展开激烈的斗争——不是用论战文章，而是作为一个戏剧诗人，用他的悲剧观念与传统的悲剧观念相对立。

十二

在说出这个观众的名字之前，让我们先在此停留片刻，回顾一下我们前面提到的对于埃斯库罗斯悲剧本质中的矛盾性和不解性的印象。让我们想一想悲剧歌队和悲剧英雄带给我们的诧异，我们不知道如何将这两者与我们的习惯、传统相互协调——直到我们发现这种二元性本身就是希腊悲剧的起源和本质，是酒神精神和日神精神这两种艺术冲动相互交织的表达。

从悲剧中剔除掉原始的、全能的酒神元素，并将悲剧完全重新建立在非酒神的艺术、道德和世界观的基础之上——这就是欧里庇得斯的艺术倾向，现在已昭然若揭。

欧里庇得斯本人在晚年曾在一部神话中，向他同时代的人特别提出了有关这种倾向的价值和意义的问题。酒神精神到底应该存在吗？难道不应该强行把它从希腊的土地上铲除吗？诗人告诉我们，只要有可能，当然要铲除，但酒神太强大了，就连像《酒神的伴侣》中的彭透斯[①]这样最聪明的对手都曾在不经意间被他迷住，然后便带着这种迷惑奔向自己的厄运。卡德摩斯和忒瑞西阿斯两位老者的判断似乎也是这位年迈诗人的判断：即便是最聪明的个人，他的思考也无法推翻那些古老的民间传统，那永恒传播的酒神崇拜。的确，面对这种奇妙的力量，至少要表现出一种外交式的谨慎的参与感，方才更为合适。尽管酒神仍然有可能对这种冷淡的参与感到不满，并最终将外交家——如这里的卡德摩斯——变成一条龙。这就是诗人想要告诉我们的话，他终其一生都在英勇地抵抗着酒神，最终却以对对手的颂扬和自杀收场，就像一个晕眩的人，为了逃避可怕的、难以忍受的眩晕感，而从高塔上纵身一跃，结束生命一样。这一

① 古希腊神话中的男性人物之一。其事迹见于欧里庇得斯的悲剧作品。彭透斯从祖父卡德摩斯手中获得王位，旋即禁止狄奥尼索斯崇拜，遂招致报复与打击。

悲剧就是对他艺术倾向的可行性的抗议。唉，但是他的艺术倾向已经开始施行了！奇迹发生了：当诗人想要反悔，打算摒弃他的艺术倾向时，这倾向却已经获得了胜利。酒神已经被一种借欧里庇得斯之口说话的恶魔般的力量赶出了悲剧舞台。欧里庇得斯在某种意义上也只是一副面具；借他之口说话的神灵不是酒神，也不是日神，而是一个完全新生的恶魔，叫作苏格拉底。这就产生了新的对立：酒神精神和苏格拉底精神，而希腊悲剧的艺术作品也因此而灭亡。不管欧里庇得斯如何试图通过他的反悔来安慰我们，都无济于事。正如富丽堂皇的庙宇已化为一片废墟，毁灭者再哀叹，再忏悔，再来说它是所有神庙中最美丽的一个，又有什么用呢？即便欧里庇得斯被所有时代的艺术法官变成一条龙以示惩罚，也于事无补——谁会因为这点可怜的补偿就感到满足呢？

现在让我们进一步探讨一下苏格拉底的艺术倾向，欧里庇得斯就是用它来对抗和击败埃斯库罗斯的悲剧的。

欧里庇得斯的意图是将戏剧完全建立在非酒神的基础上，那么我们不禁要问，如果这意图得到最理想的贯彻，结果会是什么呢？如果戏剧不是从音乐的怀抱中诞生，即在那神秘的酒神的朦胧境界中诞生，还能有什么形式的戏剧呢？那就只有戏剧化的史诗了。然而，悲剧的效果是无法在史诗的梦境艺术领域中实现的，这并不取决于所描述事件的内容。否则，我敢断言，歌德在他所构思的《瑙西卡》一剧中，就不可能把第五幕中那个田园诗般的人物的自杀描绘得如此悲惨动人；史诗的梦境力量如此巨大，使得最可怕的事情凭借假象的喜悦与救赎在我们眼前化为幻境。戏剧化史诗的诗人和史诗吟诵者一样，很少能与诗中的人物形象完全融为一体；他一直不为所动，静静地远观着他眼前的形象。戏剧化史诗中的演员从根本上说依旧是一位吟诵者，他所有的表演都打上了内在梦境庄严的烙印，所以他从来都不完全是一个演员。

欧里庇得斯的戏剧与日神戏剧的理想之间是怎样的关系？就像年轻一代的吟诵者与老一辈庄严的吟诵者之间的关系一样，年轻的吟诵者在柏拉图的《伊安篇》中这样描述自己的本性："当我吟诵悲伤的事情，就双眼噙满泪水；当我吟诵恐怖的事情，就不寒而栗，内心悸动。"在这里，我们再也见不到对假象史诗般的陶醉，见不到真正演员的冷眼旁观，因为在演技达到高潮时，他就会完全变成假象和对假象的喜悦。欧里庇得斯就是一个会心脏悸动，会不寒而栗的演员，他创作作品时就是一个苏格拉底式的思想家，他表演作品时就是一个充满激情的演员。无论创作时，还是表演时，他都不是一个纯粹的艺术家。因此，欧里庇得斯的戏剧既是冷酷的，也是火热的；既可冻结，又可燃烧；它不可能达到日神的史诗效果，又尽可能剔除了酒神元素。现在，为了使戏剧产生效果，就需要新的刺激手段，不能再利用日神和酒神这两种单一的艺术冲动了。新的激发手段就是用冷静的、矛盾的思想代替日神冥思，用火热的情感代替酒神的狂喜，而且得是高度逼真地模仿，绝不是进入艺术氛围中的思想和情感。

如果我们由此认识到，欧里庇得斯并没有成功地将戏剧建立在日神精神的基础之上，反而使他的非酒神倾向误入了自然主义和非艺术的迷途，那么我们现在就已接近审美的苏格拉底主义的本质了，它的最高原则大致为："唯理解者，方美者。"这与苏格拉底的观点"唯有知识者，方德者"可谓殊途同归。有了这一准则，欧里庇得斯详细地衡量并修正了戏剧的所有成分：语言、人物、戏剧结构、歌队音乐。与索福克勒斯的悲剧相比，我们常常把欧里庇得斯的悲剧归结为诗歌上的缺陷和退步，它多半是那种透彻的批评过程和大胆的理解的产物。我们可以以欧里庇得斯悲剧的开场为例来说明这种理性主义方法的后果有多严重。没有什么能比欧里庇得斯戏剧中的开场更违背我们的舞台技巧了。在欧里庇得斯的戏剧中，一开场就会有一个人走上舞台，向观众介绍他是谁，介绍事件的起因，到目前为止发生了什么，甚至接下来会发生什么，都一并告知。这在现代剧作家的眼里一定是故意而为之，是对悬念效果的破坏，是不可原谅的。是啊，人们都已经知道了将要发生的一切，谁还会愿意等待它真正发生呢？——因为在这里，预言中的梦与后来发生的现实之间绝对不会再产生令人兴奋的关系了。欧里庇得斯的想法却与之完全不同，他认为悲剧的效果从来不是基于史诗般的悬念，不是基于对现在和未来之事的未知、紧张和不确定性，而是基于那些雄辩而又抒情的宏大场面，在这些场面中，主角的激情和雄辩涌动成一股波涛汹涌的浪潮。一切都应该为激情而设，而不是为情节而设。凡是不为激情而设的，都应予以摒弃。当观众想要全心全意投入到剧情中时，他遇到的最大阻碍就是剧情中关键环节的缺失，即前因后果中的脱节；只要听众还需要弄清楚这个人和那个人究竟有何用意，揣摩这种和那种倾向和意图之冲突有何先决条件，他就不可能完全沉浸在主要人物的痛苦和行为中，更不可能与之共命运。埃斯库罗斯和索福克勒斯的悲剧使用了最巧妙的艺术手段，将所有理解剧情所必须的线索在最初的场景中于不经意间提供给了观众：这是一种高明的艺术手段，它掩盖了必要的形式，使得所有线索都好似自然流露。然而，欧里庇得斯认为，在最初的那些场景中，观众处于一种格外焦急的状态，因为他要揣摩剧情的前因后果，这样一来，他就会忽略了当前诗意的美妙和情节的激情。这就是为什么欧里庇得斯要在正剧的前面加上一个开场，并借一个值得信任的角色之口说出剧情：戏剧的开场往往有一个神灵上台，他要在一定程度上向观众保证剧中的情节，从而消除观众对神话真实性的种种怀疑，就像笛卡尔[①]只有通过呼吁上帝的诚实无欺，才能证明经验世界的真实性。欧里庇得斯在戏剧的结尾处再次借用神明的诚实无欺，向观众保证剧中英雄们的未来，这就是臭名昭著的“机械

① 法国哲学家。

降神”[1]的作用。而介于史诗的预告（即开场）和预知（即结尾）之间的，就是戏剧和抒情的现在，即真正的“戏剧”。

因此，作为诗人的欧里庇得斯首先是自己的自觉认识的回声，而恰恰是这一点使他在希腊艺术史上占据如此举足轻重的地位。鉴于他的批判性创作，他必定常常觉得，自己必须把阿那克萨戈拉[2]著作开头的几句话灵活地运用到戏剧上，这几句话是：“宇宙初开，万物混沌；理性出现，创造秩序。”如果说，阿那克萨戈拉凭借他的“理性”理论置身于其他哲学家之间，犹如“众人皆醉我独醒”式的人物，那么欧里庇得斯觉得他与其他悲剧诗人的关系也是如此。只要宇宙的唯一管理者和掌权者——“理性”，仍然被排除在艺术创作之外，万物就始终处在原始混沌之中；欧里庇得斯必定也是如此判断的，所以他必须作为第一个“清醒的”诗人去谴责那些“醉酒”的诗人。索福克勒斯对埃斯库罗斯的评价是，他做的是正确的事，虽然是无意识的；但欧里庇得斯肯定不这么认为，他只会说，埃斯库罗斯因为无意识地做

---

① 希腊罗马戏剧中会运用舞台机器送下来一个神明的角色，来解决剧中的冲突。

② 古希腊哲学家，原子唯物论的思想先驱。

事，所以做了错误的事情。就连神圣的柏拉图在谈及诗人的创造能力时，也把它等同于预言家和释梦者的才能，如果这不是有意为之，也多半带着嘲讽的意味。这就好比说，诗人在失去意识和丧失理性之前，是没有能力写诗的。欧里庇得斯承诺，向世界展示“非理性”诗人的对立面，正如柏拉图也承诺过的那样。他的审美原则“唯有意识者，方美者”，正如我前文所说，与苏格拉底的“唯有意识者，方善者”的理论同出一辙。因此，欧里庇得斯可以被看作是审美苏格拉底主义的诗人。然而，苏格拉底是第二个不理解并因此不尊重旧悲剧的观众；与他结盟，欧里庇得斯就敢于成为新艺术创作的先驱者了。如果说旧悲剧就死于这种新艺术之手，那么审美的苏格拉底主义就是这场谋杀的原则；只要斗争是针对旧艺术中的酒神元素的，我们就可以把苏格拉底看作是酒神的对手，是奋起反抗酒神的新的奥菲斯①，虽然注定要被雅典宫廷的酒神侍女们撕得粉碎，但他还是迫使这位强大的神灵自己逃走了。正如当时狄奥尼索斯从伊

① 日神阿波罗的儿子，他生来便具有非凡的艺术才能，但后因不敬重酒神，被酒神手下的狂女杀害并将他的尸体撕得粉碎抛到荒郊野外。

多尼亚国王吕库尔戈斯[①]那里逃脱，躲进大海避难一样，大海即象征着逐渐笼罩整个世界的秘仪崇拜的神秘洪波。

① 德里亚斯之子，在色雷斯山中狩猎的时候，袭击了抚育狄奥尼索斯的山林女神们。彼时，狄奥尼索斯年纪尚小，惊恐失措之下，跳入大海，后在忒提斯的保护下找到避难之处。

十三

苏格拉底与欧里庇得斯的艺术倾向有着密切的联系，这一点并没有逃过同时代人的眼睛，而这种敏锐直觉的最有力之证明就是流传于雅典的传说，即苏格拉底常常帮助欧里庇得斯作诗。每当需要列举当下流行的蛊惑众生的教唆犯时，“古代盛世”的拥护者们都会异口同声地喊出这两个人的名字——苏格拉底和欧里庇得斯。在他们的影响下，众生的身体和精神每况愈下，古时马拉松式的强健体魄和坚韧意志正逐渐成为可疑的教化的牺牲品。阿里斯托芬的喜剧习惯用一半是愤慨、一半是蔑视的语调去谈论这两个人，这让现代人感到恐惧，他们虽然乐意背弃欧里庇得斯，但对于阿里斯托芬将苏格拉底描述为第一大诡辩家[①]，说他是所有诡辩行为的镜子和缩影这件事，还是感到惊讶不已。于是，唯一能够聊表慰籍的就是他们把阿里斯托芬当作诗歌界的可笑的骗子阿尔西比亚德斯[②]来抨击。在这里，我并不打算为阿里斯托芬的深层本能进行辩护，而是要继续从古人的感受出发证明苏格拉底和欧里庇得斯的亲密关系。对此，有一点是值得我们注意的：苏格拉底作为悲剧艺术的反对者，从不看悲剧演出，但在欧里庇得斯的新剧上演时，他却来到剧场做起了观众。然而，能够证明两者关系密切的最著名例证还是，德尔斐神谕将这两个名字相提并论——苏格拉底被描述为最聪明的人，欧里庇得斯则被认定为智慧竞赛中的第二名。

排行榜上名列第三的是索福克勒斯，他可以对埃斯库罗斯夸口说，他做的是正确的事，因为他知道什么是正确的。显然，正是这种对知识的明晰度让这三人一同被誉为他们那个时代的三位“智者”。

---

① 欧利斯托芬在其作品《云》中借斯瑞西阿得斯父子之言讽刺苏格拉底其实是在教人如何诡辩，他将苏格拉底塑造为一个不道德的、狡猾的诡辩者的形象。

② 雅典杰出政治家、演说家、将军，但在政治观点上反复无常，不可信任。

苏格拉底对知识和见解的尊重达到了全新的、前所未有的高度，他就此发表了最强有力的言论，他发现自己是唯一承认自己一无所知的人；他带着批判性的思维游历雅典，拜访最伟大的政治家、演说家、诗人和艺术家，但感受到的尽是人们在知识上的自负。他惊讶地发现，所有名人对自己的职业根本没有正确而透彻的见解，他们只是出于本能在做事。“只凭本能”，通过这句话，我们触及了苏格拉底倾向的核心和要点。苏格拉底主义用这句话谴责现有的艺术，就像谴责现有的道德一样；无论他把审视的目光投向哪里，他看到的只有真知灼见的匮乏，幻想的力量猖獗，于是从中得出结论，现有的东西都是存在着内在错误且应受谴责的。从这一点出发，苏格拉底认为他有必要匡谬正俗：他，孤身一人，带着一种蔑视的表情和高人一等的优越感，作为一种完全不同的文化、艺术和道德的先驱，进入了一个我们能以敬畏之心探究其一隅就已是最大幸事的世界。

这就是我们每次看到苏格拉底时心中会升起的巨大忧虑，它一次又一次地刺激我们去探寻这个古代最可疑现象的意义和意图。是谁，敢于单枪匹马，否认体现希腊本质的天才们，如荷马、品达、埃斯库罗斯、菲狄亚斯、佩里克勒斯，以及皮提亚和狄奥尼索斯，他们哪一个不是值得我们肃然起敬的伟人，深不可测的深渊，高耸入云的高山？是什么恶魔的力量，敢于把这种神奇的巫药倒入尘埃？是什么半神，让人类最崇高的精神歌队也必须向他呼喊：

哀哉！哀哉！
你用强大的拳头摧毁了它，
这个美丽的世界；
它倒下了，它崩塌了！[①]

被称为“苏格拉底魔力”的奇妙现象为我们提供了一把了解苏格拉底本质的钥匙。在他巨大的理智开始动摇的特殊情况下，一个经常会在这种时刻传来的神圣声音让他坚定了自己的信念。这个声音每每传来，总是带有告诫的意味。这种直觉的智慧在这样一个完全反常的人物上显现出来，只是为了时不时地阻碍其有意识的认知。在所有具有创造力的人中，直觉恰恰是创造和肯

① 参见歌德《浮士德》第一部“书斋”一节。

定的力量，而知觉则表现出批判和告诫的状态：在苏格拉底那里，直觉成为批评者，知觉成为创造者——这真是一个畸形的缺陷。更确切地说，我们在这里看到了每一种神秘主义天性的巨大缺陷，以至于苏格拉底可以被称为特殊的非神秘主义者。在他身上，逻辑的天性由于过度使用而异常发达，就像直觉的智慧在神秘主义者身上异常发达一样。然而，另一方面，出现在苏格拉底身上的逻辑冲动却完全无法适用于自己，它无拘无束地奔涌着，显示出一种自然的力量，这力量如同我们只在最伟大的本能力量中所看到的那样，令我们不寒而栗。谁要是从柏拉图著作中感受到哪怕一丝苏格拉底的人生方向中那种神圣的天真和自信，就会发觉苏格拉底身后似乎有一种逻辑苏格拉底主义的巨大驱动轮正在运转，我们必须透过苏格拉底本人才能看到这个齿轮，如同透过影子看向本质一样。他自己对这种关系也有所预感，这表现在，无论身处何地——即使是审判他的法官面前，他也能庄重严肃地宣告并坚持他的神圣使命。人们无法在这一点上反驳他，就像无法赞许他摒弃本能的影响一样。在这场无解的冲突中，一旦他被带到希腊城邦的公审法庭上，等待他的只有一种形式的谴责，那就是放逐；人们完全可以把他当作神秘的、不可预测的、无法解释的东西，而将他驱逐出境，这样一来，任何后人都无权指责雅典人的可耻行为了。然而，法庭对他的判决是死亡，而不只是放逐。苏格拉底甘愿赴死，英勇就义，丝毫没有表现出对死亡的本能恐惧。他平静地走向死亡，那泰然自若的样子让人们想起柏拉图笔下[①]的他，作为最后一个豪饮者，苏格拉底怀着平静的心情在黎明时分离开酒会开启新的一天；而在他身后，在长椅上和地面上，昏昏欲睡的同饮者还留在那里，他们梦见了苏格拉底，这位真正的情欲主义者。赴死的苏格拉底成了从未见过的高贵希腊青年的新理想，典型的希腊青年柏拉图就第一个以其狂热灵魂的全部热诚匍匐在这个形象面前。

① 参见柏拉图《会饮篇》。

十四

让我们来设想一下，假如苏格拉底将一双慧眼转向悲剧，但那双眼睛里却从未闪现过艺术激情的狂热光辉，现在那双眼睛又被剥夺了凝视酒神深渊的乐趣，那么它在柏拉图所说的“崇高而备受赞扬的”[①]悲剧艺术中究竟看到了什么？或许是一些有因无果、有果无因的非理性的东西。然而悲剧从整体来看又是五彩缤纷，变化多端的，这对于谨慎的性格来说必定显得格格不入，而对于易怒和敏感的灵魂来说则是危险的火种。我们知道伊索

① 参见柏拉图《高尔吉亚篇》。

寓言是苏格拉底唯一能够理解的诗歌体裁，且他必定是微笑着，以赞许的眼光来看待它的，就像诚实的老好人格勒特在《蜜蜂和母鸡》的寓言中对诗歌的歌颂那样：

你在我身上，看到诗的用处，
向一个理解力低下的人，
通过形象来讲述真理。

然而，在苏格拉底看来，悲剧艺术甚至都没有“讲述真理”，更不用说之于那些“理解力低下”的人了，甚至是哲学家，这便是他远离悲剧艺术的双重原因。与柏拉图相同，他认为悲剧艺术是谄媚的艺术，它只描写娱乐，不描写有用的事情。因此，苏格拉底要求他的弟子们严格戒除、摆脱这种非哲学的刺激。他的禁令取得了巨大的成功，比如年轻的悲剧家柏拉图就率先烧掉了自己的诗歌，只为成为苏格拉底的学生。然而，一旦那不可遏制的天资奋起反抗苏格拉底的训诫，其反抗的力量加上伟大性格的冲击力，仍然足以把诗歌本身推举到新的、从未有过的高度。

前面提到的柏拉图就是一个例子：他在谴责悲剧

和一般艺术方面完全不逊于他老师的天真和愤世嫉俗，然而出于纯粹的艺术需要，他又不得不创造一种新的艺术形式，这种艺术形式却与他所拒绝的现有的艺术形式有着内在的联系。柏拉图对古代艺术的指责主要围绕在古代艺术是对假象的模仿，因此它属于一个比经验世界更低级别的领域。这种指责尤其不能针对他的新艺术作品，于是，我们看到柏拉图努力超越现实，去告诉人们“理念”是那种伪现实的基础。然而，思想家柏拉图却因此走了一段弯路，又回到了他作为诗人始终如一视作家园的地方，也正是在这里，索福克勒斯和所有的古代艺术纷纷对这种指责提出了严正抗议。如果说悲剧融合所有早期艺术种类于一身，那么从某种特殊意义上来讲，这也适用于柏拉图的对话录，它融合了所有现有的风格和形式，徘徊在叙事、抒情、戏剧、散文和诗歌之间，因此也打破了“语言形式统一”这一严格的古老法则。犬儒学派[①]的作家们在这条路上走得更远，他们在风格上变化多端，在散文与韵文之间来回摇摆，并创造了“疯狂的苏格拉底”这一文学形象，还在生活中常常扮

① 古希腊哲学学派，其信奉者被称为犬儒。该学派否定社会与文明，提倡回归自然，独善其身。最著名的犬儒学派人士是第欧根尼。

演这一形象。柏拉图的对话录仿佛一艘小船，拯救了遭遇海难的古老诗歌和它所有的孩子们。它们就这样挤在一个狭窄的空间里，诚惶诚恐地服从船上唯一的舵手苏格拉底的指挥，驶入一个全新的世界，沿途梦幻般的景象让它们应接不暇。对于后世来说，柏拉图确实给出了一种新的艺术形式的模型，即小说的模型：这种形式可谓是被无限提高了的《伊索寓言》，在这里，诗歌之于辩证法哲学的从属地位，就像在许多世纪以来哲学之于神学处于婢女的地位一样。这就是柏拉图迫于魔鬼般的苏格拉底的压力，让诗歌陷入的新境地。

在这里，哲学思想使艺术过度生长，并强迫它紧紧抓住辩证法的主干。日神倾向已蜕变成逻辑公式主义，我们在欧里庇得斯身上也看到过类似的情况，即酒神精神已转化为自然主义的冲动。苏格拉底，这位柏拉图戏剧中的辩证英雄，让我们想起了欧里庇得斯悲剧中的英雄——他们必须通过论证和反驳来为自己的行为辩护，因此经常陷入会失去我们的悲剧同情的危险。因为谁能拒绝承认辩证法本质中的乐观因素呢？它在每一次得出结论时都会庆祝自己的胜利，并只有在冷静清醒的认知中才能自由呼吸；这种乐观因素一旦渗透入悲剧，就势必会逐渐侵占其酒神领域，并不可避免地把它推向自我毁灭的深渊——直至它跳入市民戏剧，并因此而灭亡。我们只需要看看苏格拉底言论的后果就能明白了，他说“美德即是知识；罪恶源于无知；有德之人才是幸福之人”：悲剧的死亡正是蕴含在这三种基本形式的乐观主义之中。因为现在有德行的英雄必须是辩证论者，而德行与知识、信仰与道德之间必须存在一种必要的、可视化的联系，现在埃斯库罗斯的超验的正义解决方案被贬低为浅薄的、狂妄的“诗性正义”的原则，连同其惯用的“机械降神”。

现在，面对这个新的苏格拉底式的乐观主义舞台世界，歌队和悲剧的整个酒神音乐的深层基础又表现如何呢？答案是表现为偶然的东西，表现为几乎可以忽略的对悲剧起源的追忆；而我们已经意识到，歌队只能被理解为悲剧和悲剧因素的起因。索福克勒斯在处理悲剧中歌队部分时就已陷入了这种窘境——这是一个重要的迹象，表明在他的悲剧里，酒神基础已经开始土崩瓦解了。他不再敢把烘托悲剧效果的主要任务交给歌队，而是把它的活动范围限制到与演员相近，仿佛将它从舞池中提升到了舞台上；当然，这完全破坏了它的本质，尽管亚里士多德可能也同意这样的处理方式。不管怎样，索福克勒斯通过他的实践——据说，他还写过文章来建议改变歌队的地位，迈出了走向毁灭歌队的第一步；从欧里庇得斯、阿伽同，再到新喜剧，歌队以惊人的速度走过了毁灭的各个阶段。乐观主义的辩证法扬起它的三段论鞭子，把音乐赶出了悲剧，也就是说，它破坏了悲剧的本质，而悲剧的本质只能被解释为酒神状态的形象化表现，被解释为音乐的可视化象征，被解释为酒神式陶醉的梦境世界。

那么，如果我们假设在苏格拉底之前就已经有一种反酒神倾向在发挥作用，而这种倾向只是在他身上表现得更为强烈而已，那么我们就不必回避这样一个问题：类似苏格拉底的这种现象到底意味着什么？从柏拉图的对话录来看，我们不能单纯地把这种现象理解为一种破坏性的消极力量。当然，苏格拉底冲动最直接的效果是瓦解酒神悲剧，但苏格拉底本人的深刻人生经历又迫使我们追问，苏格拉底主义和艺术之间是否只存在一种对立的关系，是否“艺术的苏格拉底”的诞生本身就是一种自相矛盾的东西。

面对艺术，这位专制的逻辑学家有时也会产生一种怅然若失的感觉，一种空虚的感觉，一种半责备的感觉，一种或许被忽视了的责任感。正如他在狱中告诉他朋友的那样，他经常会梦到同一个幻影，对他说着同一句话："苏格拉底，从事音乐吧！"[①] 直至生命的最后时光，他都安慰自己说，他的哲学是最高级别的音乐艺术，他不愿相信神明会提醒他去从事那种"粗鄙的、通俗的音乐"。然而最终在监狱里，为了做到完全无愧于心，他还是决定试着演奏他所鄙视的音乐。出于这种想法，他创作了一首阿波罗颂歌，并将一些伊索寓言改写成了诗体。一种类似于恶魔警告的声音，敦促他去做这些练习，这就是他的日神认识；他就像一个野蛮君主一样，不理解诸神的高贵形象，并有可能因为这种不理解而冒犯到神明。苏格拉底梦中出现的那句话是他思考逻辑本质的界限的唯一凭证。他不得不自问：也许我不理解的东西并不是真的不可理解？也许存在一个智慧的国度，它放逐了逻辑学家？也许艺术恰恰是科学知识的必要关联与补充？

① 参见柏拉图《斐乐篇》。

十五

针对最后这几个预感不详的问题，我们必须要说一说，时至今日乃至未来，苏格拉底的影响如何像夕阳下越来越大的影子，在后世中蔓延开来，又如何反复迫使艺术，而且是最广泛和最深刻的意义上的、形而上的艺术进行再创造，并以其自身的无限性保证艺术创新的无限性。

为理解这一点，为令人信服地证明所有艺术与希腊人（从荷马到苏格拉底的希腊人）之间存在着最内在的依存关系，我们必须像雅典人对待苏格拉底那样对待这些希腊人。几乎每个时代和每个文化阶段都曾经带着深深的不快寻求在希腊人处的解脱，因为在希腊人面前，世人所有的努力、看起来完全原创的东西、令人真诚惊叹的成就似乎都瞬间黯然失色、了无生气，蜷缩成了一个失败的仿品，甚至变成了一幅讽刺画。于是，在人们中间，一次又一次由衷地爆发出对那个自负的小民族的愤怒，他们竟敢把一切时代非本土的东西都称为“野蛮”。人们不禁要问，他们是谁，尽管只有短暂的辉煌历史，只有可笑狭隘的制度，只有可疑的习俗传统，甚至以可憎的恶习臭名著称，他们却有勇气要求在一切民族中享受只属于艺术天才的尊严和特殊地位？唉，可惜人们没能那么幸运地找到那杯可以摧毁这种勇气的毒药：因为嫉妒、诽谤和愤怒本身产生的所有毒药都不足以摧毁这种自负的光辉。因此，人们面对希腊人时会感到羞愧和恐惧，除非人们尊重真理高于一切，且敢于承认这个事实，即希腊人宛如一位御者，手握着包括我们文化在内的一切文化的缰绳，然而车辆和马匹总是破败不堪，配不上驭者的荣耀，他们驾着这样的车队驶向深渊，却在临近深渊的那一刻像阿喀琉斯一样轻松一跳，独自跃过深渊，并以此为乐。

要想证明苏格拉底也有这种驭者地位的尊严，只需要认识到他是一种前所未有的生存形式的典型，即理论家的典型就够了，我们的下一个任务就是去探究这种理论家的意义和目标。理论家也像艺术家一样，对存在的事物有着无限的满足感，并且像后者一样，通过这种满足感来保护自己不受悲观主义的实践道德观的影响，不受其只在黑暗中闪烁的悲观主义目光的影响。因为每当揭露真理之时，艺术家总是以狂喜的神情注视着真理背后尚未被揭开的部分，而理论家却已经沉浸在被揭开的外壳中沾沾自喜、怡然自得，他最大的乐趣就是凭一己之力成功揭露真理的过程。如果科学只关心那一位赤裸裸的女神而不关心其他，就不会有科学了。因为这样一来，科学的信徒就必定像那些想直接在地球上挖洞的人一样：每个人都知道，即使他穷尽毕生最大的努力，也只能在极深的土地中挖出很小的一块，然后又眼睁睁地看着第二个人把这些小洞重新填平，以致第三个人必须主动选择一个新的地方开始他的钻探试验，才能看上去有所作为。如果现在有人令人信服地证明了用这种直接的方式无法到达对跖点，谁还愿意继续在旧洞里工作呢？除非在此期间，他再不满足于找到稀有的矿石或发现自然规律。这就是为什么莱辛——这个最诚实的理论家——敢于宣称，比起真理本身，他更注重寻求真理的过程[①]。这一语道破了科学的天机，让科学界倍感震惊，甚至恼火。当然，这种独树一帜的见解如果不是傲慢之词的话，就是过分坦率了。除此之外还有一个深刻的妄想，它首先表现在苏格拉底身上，那是一种不可动摇的信念，即思想在因果关系的引导下，可以进入存在的最深处的深渊；思想不仅能够认识存在，甚至能够纠正存在。这种崇高的形而上的妄想是科学作为一种本能所固有的，它一次又一次地把科学引向极限，到了这个极限后，科学必定突变成艺术：这实际上就是这一过程所要达到的目的。

如果我们现在举着这种思想的火炬来看待苏格拉底，那么在我们看来，他就是第一个不仅能在科学的本能下生存，尤为甚者，是能为之赴死的人。这就是为什么赴死的苏格拉底，是借知识和理由摆脱死亡恐惧的人物形象，是悬于科学的大门上方的徽章；他提醒着每个人，科学的使命就是让存在看起来是可以理解的，因而也是合理的。当然，如果理由不足以支撑这个观点，那

① 参见《莱辛全集》。

么最终就要请神话上场，我甚至把这称之为科学的必然结果，科学的实际意图。

只要我们能想象出，在科学的神秘主义者苏格拉底之后，一个又一个的哲学流派如何像后浪推前浪一样相继兴起；求知欲如何在有教养的阶层中传播至一个前所未有的高度，如何作为所有更高能力者的真正任务，将科学引入汪洋大海，汹涌澎湃，从此不再消退；一张共同的思想之网又如何通过求知欲的广泛传播而笼罩在整个地球之上，大有参透整个太阳系规律的势头并且清楚地看到这一切，以及当代那座高得惊人的知识金字塔，就不能不把苏格拉底看作所谓世界历史的转折点和旋涡中心。一旦人们意识到，他们为这个世界趋势所耗费的不计其数的能量，不是为知识服务，而是为个人和民族的实践目的，即利己主义的目的服务，那么，在普遍的消灭性斗争和持续的民族大迁徙中，生存的本能欲望就可能会被削弱，以至于个人在自杀的风气中瞥见一丝责任感，就像斐济群岛的原始人把儿子杀死父母、朋友杀死朋友看作责任一般。这是一种实践的悲观主义，它甚至会出于怜悯而产生一种可怕的种族灭绝伦理——顺便说一下，世界各地，凡是尚未出现任何形式的艺术，特别是艺术尚未作为宗教和科学，来治疗和预防这种自杀之风的地方，这种实践的悲观主义古今皆有之。

面对这种实践的悲观主义，苏格拉底是理论上的乐观主义者的典型。如上文所述，他相信万物的本质皆可探索，他将知识和认知归结为一种万能神药，并将错误本身理解为邪恶。在苏格拉底式的人看来，深入了解这些原因并将真正的知识从假象和错误中分离出来是最崇高的，甚至是唯一真正的人类天职。因此从苏格拉底开始，这种概念、判断和结论的机制被视为高于所有其他能力的最顶级的活动和最令人钦佩的自然天赋。甚至最崇高的道德行为，同情、牺牲、英雄主义的冲动，以及日神式的希腊人称为“克己”的那种难以获得的内心的平静，在苏格拉底和他志同道合的现代后继者们眼中，都是从知识的辩证法中推导出来的，因而是可传授的。任何人如果体验过苏格拉底式知识的乐趣，感受到它是如何在不断扩大的斗争中试图囊括整个现象世界的，那么从那时起，他就会感到没有什么能比完成这种征服和把知识之网织得密不透风的愿望更猛烈的生存刺激了。对这样的人来说，柏拉图笔下的苏格拉底似乎是一种全新形式的“希腊达观”和指引生存幸福的导师；这种幸福寻求在行动中释放自己，且多半产生于对贵族青年所实施的“精神助产术”[①]和教育的影响中，以达到最终生成天才的目的。

但是现在，科学在其强烈的妄想的刺激下，势不可当地冲向它的极限，其隐藏在逻辑本质中的乐观主义就因此而失效了。因为科学的圆圈外围有无数个点，虽然尚不能预见这一区域如何能被彻底测量出来，但高尚且有天赋的人，在其人生中期来临之前，就不可避免地遇到了圆圈外围的这些边界点，于是只能站在那里，茫然地凝视着这尚不明确的区域。当他惊恐地看到逻辑如何在这边界处绕着自己兜圈子，并最终咬住自己的尾巴时，心中会油然而生一种新的认知形式，即悲剧的认知；为了忍受这种认知形式，就需要艺术作为保护和补救措施。

如果我们用那因希腊人而变得有力和清新的眼光来看待我们周围世界最崇高的领域，我们就会发现，在苏格拉底身上出现的堪称楷模的、贪得无厌的乐观主义求知欲，已经变成了悲剧的听天由命和艺术渴求。然而，

① 苏格拉底关于寻求普遍知识的方法——双方在问答过程中，不断揭示对方谈话中自相矛盾之处，从而逐步从个别的感性认识上升到普遍的理性认识。

同样的求知欲，若在较低级别的领域内，必定会敌视艺术，尤其会在内心深处厌恶酒神的悲剧艺术，苏格拉底主义反对埃斯库罗斯悲剧的这一例子就说明了这一点。

在这里，我们怀着激动的心情敲开了现在和未来的大门：这种“突变”会不会导致天才的不断新生，尤其是从事音乐的苏格拉底的新生？这遍布存在的艺术之网，无论是以宗教之名还是以科学之名，到底是会越织越紧，越织越精巧，还是注定要在如今自称为“现代”的不安分的野蛮喧嚣下被撕成碎片呢？——我们忧心忡忡，但并不绝望，我们暂且站在一旁，作为被允许见证这些巨大的斗争和转折的沉思者。啊！这就是这场战斗的神奇之处，即便是旁观者也会参与其中。

十六

通过上述这个历史例证，我们试图说明悲剧是如何因音乐精神的消失而消亡的，就像它只能从音乐精神中诞生一样。为了使这一论断听起来不那么非同寻常，也为了阐明我们这种认识的起源，我们现在必须以开放的眼光来看待当前的类似现象；我们必须参与到当今世界最高领域中正在进行的战斗中去，即我在前文所提到的、贪得无厌的乐观主义求知欲和悲剧的艺术渴望之间的战斗。我在这里暂且不谈一切其他的敌对冲动，因为这些冲动一向反对艺术，尤其反对悲剧，即使在当代也胜券在握地四处传播，以至于在戏剧艺术中，只有闹剧和芭蕾舞相对枝繁叶茂，开出或许并非人人都欣赏的花朵。我只想谈一谈世界悲剧观最显赫的反对者——科学，那个最深层本质上是乐观主义的科学，那个以苏格拉底为祖先和领袖的科学。然后，我还会谈及那些在我看来能够保证悲剧重生，以及保证德国精神的其他美好的希望之力量！

在投入战斗之前，让我们先披上迄今为止获得的知识的盔甲。与所有那些急于从单一原则中推导出艺术作品的必要生命源泉的人相反，我的目光始终没有离开希腊人心中的两位艺术之神——日神阿波罗和酒神狄奥尼索斯，而且我意识到，他们是两个艺术世界的生动而形象的代表，这两个世界在最深本质和最高目标上皆不相同。在我眼里，日神是化身“个体化原理的天才，只有通过个体化原理，才能真正地在现象中得到救赎。然而在酒神神秘的欢呼声中，个体化的魔力被打破了，通往存在之母、万物最内在核心的道路就这样被打开了。在日神的造型艺术和酒神的音乐艺术之间存在的这种巨大反差，对于一位伟大的思想家来说，都是显而易见的，以至于即使没有希腊神话中诸神的象征主义的指导，他也能看出音乐具有与其他所有艺术皆不同的性质和起源，因为它不像其他艺术那样是对现象的临摹，而是对意志本身的直接写照，因此，音乐对世界上所有的自然物来说都是超自然物，对所有的现象来说都是自在之物。（叔本华：《作为意志和表象的世界》第一卷，第310页。）这就是所有美学中最重要的见解，从严格意义上来说，美学就是从这里才开始的，理查德·瓦格纳为了确认其永恒的真理，在《贝多芬论》中指出，我们应根据完全不同于所有造型艺术的审美原则来衡量音乐，而不是在美的范畴里衡量它；尽管一种错误的美学，基于一种被堕落的、被误导的艺术已经习惯了那适用于造型世界的美的概念，甚至要求音乐产生与造型艺术作品相似的效果，即唤起对美的形式的快感。在认识到这种巨大的对立之后，我有了一种强烈的冲动：想要接近希腊悲剧的本质，从而接近希腊天才的最深刻启示，因为只有这样，我才相信我掌握了神奇的能力，能够超越我们现今流行的美学措辞，切身地探究到悲剧的原始问题。据此，我对希腊主义产生了一种意料之外的奇特看法，在我看来，我们这摆出如此骄傲姿态的古典希腊研究，似乎到目前为止只知道捕风捉影和满足于皮毛。

我们或许可以以下面这个问题为出发点来触及那

个原始问题的本质：当日神精神和酒神精神这两种原本彼此独立的艺术力量同时发生作用时，会产生怎样的审美效果？或者更简单地说：音乐与形象和概念的关系如何？理查德·瓦格纳认为叔本华在这一点上的表述是无比清晰和透明的，他在下列这段话中表达得最为详细，全文转载如下：

> 根据这一切，我们可以把现象世界或自然与音乐看作是同一事物的两种不同表现形式，因此，它本身是两者类比的唯一中介，为了看到这种类比，就需要去认识它。所以，如果音乐被视为世界的表达，那么它就是最高程度的普遍性语言，我们甚至可以认为它与概念的普遍性的关系，差不多就像这些概念与个别事物的关系一样。然而，它的普遍性绝不是抽象概念的空洞的普遍性，而是完全不同的一种普遍性，它具有普遍的、清晰的确定性。在这一点上，它类似于几何图形和数字，后者作为所有可能的经验对象的普遍形式，适用于所有先验的东西，但它们不是抽象的，而是直观的和普遍确定的。意志的所有可能的努力，激发和表达，人类

内心的所有经历，都被理性划入“情感”这个宽泛而消极的概念中，都要通过具有无限多可能性的旋律来表达，但总是在没有实质、只有单一形式的普遍性中，依照自在之物，而不依照现象，其就像没有形体的灵魂一样进行表达。我们从音乐与万物真谛的这种亲密关系出发，还可以做出如下解释：当一首合适的音乐在任意一个场景、情节、事件、环境中响起时，它似乎向我们揭示了其中最隐秘的意义，并对此做出最正确、最清晰的注释；同样，对于一个完全投入交响乐印象中的人来说，他仿佛看到生命和世界的所有可能的经历都正从自己的身边走过。然而，当他认真思考的时候，又找不到这种音乐与他心中所想的事物之间有何相似之处。因为正如我所说，音乐与其他所有艺术的不同之处在于，它不是现象的临摹，或者更正确地说，不是意志的相应客观化，而是意志本身的直接写照，因此对世界上所有的自然物来说，它代表着超自然物，对所有的现象来说，它代表着自在之物。因此，人们可以把世界称为音乐的化身，正如把它称为意志的化身一样。那么，从这一点就可以解释为什么音乐使现实生活和世界中的每一幅画面，甚至是每一个场景，立刻凸显出更深远的意义。当然，它的旋律越是类似于既成现象的内在精神，就越是如此。以此为依据，人们可以给诗配上音乐变成歌曲，给一般的表演配上音乐变成哑剧，或者给两者都配上音乐，它们就变成了歌剧。人类生活的个别画面，虽然可以配上音乐，但绝不是必然与其相关联或相匹配的。相反，它们与音乐的关系就像是一个任意的例子与一个一般概念的关系：它们在现实的确定性中表达的正是音乐在单纯形式的普遍性中所表达的东西。因为旋律在某种程度上，就像一般概念一样，是现实的抽象体。因为现实，即个别事物的世界，为概念的普遍性和旋律的普遍性提供了直观的、特殊的和个别的东西，以及单个的案例，然而，这两种普遍性在某些方面又是相互对立的，因为概念只包含原来从直观中抽象出来的形式，就像事物被剥离的外壳，因此实际上是抽象的；相反，音乐给出了最内在的核心，或者说，事物的心脏，它先于一切形态。这种关系可以用经院哲学家的术语很好地表达出来，即概念是后于事物的普遍性，但音乐给出了先于事物的普遍性，而现实是事物之中的普遍性。然而，正如我所说，作曲和直观表演之间的关系之所以成立，就是基于这样一个事实，即两者只是对世界同一内在本质的不同表达。当这种关系在个别案例中真正存在时，也就是说，当作曲家已经知道如何用音乐的普遍语言来表达构成某一事件核心的意志冲动时，那么歌曲的旋律、歌剧的音乐就有了表现力。然而，作曲家在这两者之间找到的相似之处，必定源自对世界本质的直接认识，是他的理性的无意识行为，而不能是有意识地以概念为媒介的模仿，否则，音乐就不能表达内在的本质，即意志本身，而只是对表象的不充分模仿，正如所有专门从事模仿的音乐所做的那样。

——《作为意志和表象的世界》第一卷，第309页

因此，根据叔本华的教导，我们可以直接把音乐理解为意志的语言——我们的想象力受到激发，形成了那个只闻其声不见其形，却又如此生动活泼的精神世界，并用一个类似的实例把它体现出来。另一方面，形象和概念，在真正匹配的音乐的影响下，达到了更深远的意

义。因此，酒神的艺术倾向往往会对日神的艺术能力施加两种影响：首先，音乐激发对酒神普遍性的譬喻性直观；其次，音乐又让譬喻性的形象有了最深远的意义。从这些自明的且需深入观察的事实中，我推断出一个结论：音乐有诞生神话的能力，一个最有力的证明就是音乐诞生了悲剧的神话，即用譬喻的方式讲述酒神认知的神话。在抒情诗人的现象中，我已经描述了音乐如何在抒情诗人身上竭力用日神的形象来展现其本质。如果我们现在认为，音乐在达到最高阶段时，也必定力求达到最高程度的形象化，那么我们必然认为，它也有可能懂得如何为其真正的酒神智慧找到象征性的表达。如果我们不到悲剧和一般的悲剧概念中去找，还能到哪里去寻找这种表达呢？

因为人们通常是按照外观和美感的单一范畴来理解艺术的，所以从这样的艺术本质中根本无法真正推导出悲剧的元素，只有从音乐的精神出发，我们才能理解到个人湮灭的喜悦。因为只有在这种湮灭的个别事例中，我们才能明白酒神艺术的永恒现象，酒神艺术仿佛表达了个性化原理背后的全能意志，表达了超越一切现象和不顾一切湮灭的永恒生命。悲剧中的形而上快乐是将本能的无意识的酒神智慧转化为形象的语言：悲剧英雄，意志的最高表现，为了我们的快乐而遭受否定，因为他毕竟只是现象，意志的永恒生命不会因为他的湮灭而受到触动。“我们相信永恒的生命”，这是悲剧的呐喊，而音乐是这永恒生命的直接理念。造型艺术有着完全不同的目的：在这里，日神通过对现象的永恒性的大加赞扬克服了个体的痛苦，在这里，美战胜了生命固有的痛苦，痛苦在某种意义上已被从自然的特征中剥离开来了。在酒神艺术及其悲剧的象征意义中，同一种自然却用它那真实的、毫不掩饰的声音向我们喊道：“像我一样吧！在现象的不断变化中，做那个永远创造的、永远迫使万物生存的、永远因现象的变化而倍感满足的原始之母吧！”

十七

酒神艺术也想让我们相信存在的永恒快乐，只是我们不应在现象中寻求这种快乐，而是应该在现象的背后寻找。我们要认识到，一切出现的事物都必须为其悲惨的灭亡做好准备，我们被迫审视个体存在的恐怖，但我们不应因此被吓得目瞪口呆：一种形而上的慰籍会暂时把我们从万物变迁的齿轮中解救出来。在那一瞬间，我们真的成了万物之源本身，并感受到它对存在的不可抗拒的欲望和兴趣；鉴于无数力求生存的存在形式的过度拥挤、世界意志的旺盛繁殖，如今，对我们来说，斗争、痛苦、现象的湮灭统统都是必要的。当我们仿佛与生命的无法比拟的原始喜悦合二为一的时候，当我们在酒神的狂欢中感受到这种喜悦的不可毁灭性和永恒性的时候，我们就会被这痛苦的毒刺刺穿。尽管有恐惧和怜悯，但我们仍然是幸福生活的人，不是作为个体，而是作为一个生命——我们与它的喜悦已经融合在一起。

现在，希腊悲剧的起源史非常明确地告诉我们，希腊的悲剧艺术作品确确实实是从音乐精神中诞生的。我们相信，通过这种思想，歌队那令人惊讶的原始意义能够第一次得到合理的解释。然而与此同时，我们必须承认的是：希腊诗人尚且从未对上述悲剧神话的意义有过清晰而透彻的理解，更不用说希腊哲学家了；在某种程度上，希腊诗人作品中主角的语言比行动更肤浅；神话的智慧无法通过语言完全表达出来，比起诗人运用语言和概念，舞台的布景和直观的形象更能够表达出深刻的智慧。这一点在莎士比亚的戏剧中也有所体现，比如在类似意义上，他的哈姆雷特所说的话就比行动更肤浅，以至于我们无法通过台词，而只能通过深入地通观全剧，才能推断出前面描述过的那种哈姆雷特教训。关于希腊悲剧，我们现在只能看到剧本。我甚至可以断言，神话与台词之间的这种不协调性很容易让我们误以为它比实际情况更肤浅、更无意义，从而假定它的效果比古人描述的更肤浅。因为人们多么容易忘记下面这个事实啊，即诗人用语言无法成功实现的神话的最高精神化和理想化，却是一个有创造力的音乐家随时都可以实现的！当然，我们只能通过深入的学术研究来重建音乐效果的优势，以便获得一点真正的悲剧所固有的那种无与伦比的慰藉。然而这种音乐上的优势，只有在我们是希腊人的情况下才能感受得到。我们相信，与我们所熟知的无限丰富的音乐相比，我们在整个希腊音乐的发展过程中所听到的不过是音乐天才怀着羞涩的心情吟唱出来的青春之歌罢了。正如埃及祭司所说，希腊人永远是个孩子，在悲剧艺术上也只是一个孩子，他们不知道在自己手上创造过多么崇高的一个玩具——现在却又亲手毁掉了它。

从抒情诗的发迹到阿提卡悲剧的诞生，音乐精神对形象表现和神话表现的追求日益增强，却在它刚刚发展到枝繁叶茂之时，突然中断，仿佛从希腊艺术的表层消失了。然而这场追求中产生的酒神世界观却在秘仪中留存下来，虽然形式持续变化，但仍然不断地吸引着更为严肃的本性。它会不会终有一天再次从其神秘的深渊崛起而成为艺术呢？

在这里，我们关注的问题是，导致悲剧灭亡的反对力量是否一直足够强大到能阻止悲剧和悲剧的世界观在艺术上的觉醒。如果说是追求知识和科学的乐观主义辩证冲动使古代悲剧偏离了正轨，那么我们或许可以从这一事实中推断出，理论的世界观和悲剧的世界观之间永远存在着斗争，只有当科学精神达到极限，并以此证明它对普遍有效性的要求已被摧毁之后，我们才能指望悲剧的重生。对此，我们不得不将前面提到过的从事音乐的苏格拉底作为这种文化形式的象征。在这种矛盾中，我所理解的科学精神是对于自然的可理解性和知识的普遍治愈性的信念，而这种信念首先在苏格拉底身上得到了体现。

谁要是还记得这不知疲倦的一路向前的科学精神所引起的直接后果，就会立即想到神话是如何被它摧毁的，诗歌又是如何因神话的摧毁而被迫离开它的理想故土，从此无家可归的。如果我们有理由相信音乐具有再次催生神话的力量，那么也必将在与音乐的这种创造神话的力量相对立的道路上找到科学精神的身影。这一点在阿提卡新酒神颂的发展过程中就有所体现，它的音乐不再表达内在本质，即意志本身，而只是在以概念为媒介进行模仿，并不充分地再现现象。真正的音乐天才带着厌恶的心情转身离开了这种内在已经堕落的音乐，正如他在苏格拉底谋杀艺术的倾向面前所做的那样。阿里斯托芬的直觉是对的，他对苏格拉底本人、欧里庇得斯的悲剧和新酒神颂诗人的音乐怀有同样的厌恶之情，并在这三种现象中发现了堕落文化的迹象。这种新酒神颂以亵渎神灵的方式把音乐变成了现象的模仿画，就像模仿一场战斗或一次海上风暴，音乐被完全剥夺了创造神话的力量。如果音乐只是通过迫使我们在生命和自然的事件与音乐的某些节奏形态和独特音响之间寻求外在的相似处来激发我们的快感，如果我们对音乐的理解要通过认识这些相似处来得到满足，那么我们就会陷入一种无法感知神话的情绪中，因为要想直观感受到神话，必须将其看作是一个具有无限深刻的普遍性和真理的单一例证。真正的酒神音乐作为世界意志的一面镜子竖立在我们面前，这镜子里一折射出那种直观事件，我们就立刻感受到它扩展成了一个永恒真理的映象。相反，在新酒神颂歌的音画中，这样的直观事件会立刻被剥夺所有的神话特征，此时的音乐就变成了现象的拙劣映象，因此便显得比现象本身更加贫乏。由于这种贫乏，我们甚至可以感觉到现象本身都被贬低了，以至于现在，譬如这种音乐就将战争场面模仿成了行军队伍的嘈杂声、军号声等，而我们的想象力就被禁锢在这肤浅的层面了。因此，音画在各方面都与真正的音乐创造神话的力量相对立：音画使现象变得更加贫乏，而酒神音乐却使个别现象变得丰富并扩展为世界映象。在新酒神颂的发展过程中，非酒神精神使音乐与自己渐行渐远，并将音乐降格为现象的奴隶，这是非酒神精神取得的巨大胜利。从更高的意义上说，欧里庇得斯必须被称为彻底的反音乐人物，正是因为这个原因，他是新酒神颂音乐的热烈支持者，并像强盗一样大肆挥霍这种低劣的效果与伎俩。

另一方面，当我们注意到自索福克勒斯以来，悲剧中对性格的描写和心理的刻画在不断增加时，我们就会发现是反神话的非酒神精神在发挥作用。人物性格不再扩大成一个永恒典型，而是通过对次要特征和细微差别的艺术刻画和对所有线条最细致的确认，来产生个体化效果，以至于观众不再能感受到神话，只能感受到强大的自然真理和艺术家的模仿力。在这里，我们还注意到，现象战胜了普遍性，悲剧作家对个体的兴趣，似解剖标本一般；我们已经呼吸到了理论世界的空气，在这个世界里，科学知识比世界规则的艺术反映更重要。注重人物性格描写的艺术手段一往无前：当索福克勒斯仍在描绘完整的人物性格，并运用神话来巧妙地展现其发展时，欧里庇得斯已经只描绘在剧烈的激情中表达出来的个人性格特征了；在阿提卡新喜剧中，只有表情单一的面具在坚持不懈地反复出现，表现为轻浮的老人、受骗的老鸨和狡猾的奴隶。创造神话的音乐精神现在到哪里去了？如今残存的要么是刺激性音乐，要么是回忆性音乐，也就是说，要么是刺激迟钝疲惫的神经的兴奋剂，要么是一种声音图像。对于前者而言，所配的歌词几乎就不那么重要了。即便是在欧里庇得斯的悲剧中，他的英雄或歌队一旦开始唱歌，场面就一度会变得轻佻放荡；欧里庇得斯尚且如此，他那些厚颜无耻的继任者又会把悲剧弄到何种地步呢？

然而，这种新的非酒神精神在新戏剧的结局中得到了最淋漓的体现。在旧悲剧中，结局总能让人感受到形而上的慰藉，没有这种慰藉，就无法解释人们对于悲剧的快感；也许在《俄狄浦斯在科罗诺斯》一剧中，你会听到来自另一个世界的最纯粹的和谐之声。而此时，音乐天才已经从悲剧中逃脱出来，从严格意义上讲，悲剧已经死亡。除此之外，人们还能从哪里获得那种形而上的慰藉呢？后来，人们为悲剧的这一矛盾现象找到了一个世俗的解决方案：英雄在饱受命运的折磨之后，往往会得到一个圆满的结局，比如缔结良缘或是荣宠加身；悲剧英雄变成了奴隶、格斗士，在受尽虐待、遍体鳞伤之后，偶尔也会被赐予自由。机械降神已经取代了形而上的慰藉。我并不是想说，悲剧的世界观在任何领域都完全被如火如荼的非酒神精神所摧毁；我们只知道，它不得不逃脱艺术，仿佛潜入冥界，退化成一种秘仪的崇拜。然而希腊民族的广大地域都被一片阴沉气氛的非酒神精神笼罩着，其表现形式就是“希腊人的乐观”，我们在前面已经说过，这是一种古老的、毫无生产力的生存欲望。这种达观与古希腊人庄严的“素朴”是相对立的，因为根据既有的特征，后者应该被理解为从阴暗的深渊中生长出来的日神文化之花，是希腊人的意志通过对美的反映而取得的对痛苦和痛苦智慧的胜利。对于另一种形式，“希腊人的乐观”，即亚历山大式的乐观而言，它的最崇高形式是理论家的乐观，它显示出我刚才从非酒神精神中推导出的那些特征：它反对酒神智慧和酒神艺术；它努力消除神话；它用一种世俗的慰藉来代替形而上的慰藉，甚至采用了机械降神，即借助机械和熔炉之神，也就是为服务高度利己主义而被认识和使用的自然精神的力量；它相信知识能够改造世界，相信科学能够指导生活；事实上，它也的确能够将个人放逐到一个非常狭窄的、可以解决的任务范畴内，在这里，他会愉快地对生命说："我只要你，你值得被认识。"

十八

这是一个永恒的现象：贪婪的意志总能找到一种手段，通过笼罩万物的幻觉，把所造之物禁锢在生命里，迫使它们继续生存下去。有人被苏格拉底的求知欲所吸引，妄想通过知识来治愈存在的永恒创伤，有人被飘扬在他眼前的艺术之美的诱人面纱所迷惑，还有人被形而上学的慰藉所羁绊，认为在现象的旋涡下，永恒的生命牢不可破、川流不息，更不用说意志每时每刻都会产生的更卑鄙、更强大的幻象。这三个阶段的幻觉只适用于天赋较高的人，他们对生存的负担和沉重感有着更深的厌恶，于是他们必须挑选一种兴奋剂来麻痹自己，以忘记这种反感。我们称之为文化的一切，都是由这些兴奋剂组成的。根据配比不同，我们就有了苏格拉底文化、艺术文化或悲剧文化；如果允许列举一些历史的例子，那么我们可以说是亚历山大文化、希腊文化或佛教文化。

我们整个现代世界都被卷入了亚历山大文化的密网之中，并将拥有最高知识能力、为科学服务的理论家视为理想，而他们的原型和祖先就是苏格拉底。我们所有的教育手段最初都有这样的理想，其他目的都只能在一旁奋力挣扎，作为一种被允许的存在，而不是有意而为之的存在。然而令人恐惧的是，长期以来，只有有学问的人才被认为是有教养的人，甚至我们的诗歌艺术也不得不从博学的模仿中谋求发展，而在韵律的主要效果中，我们还看到，我们的诗歌形式是从非本土的、相当广博的语言中产生的艺术上的试验品。原本可理解的现代文化人浮士德在一个真正的希腊人眼里是多么难以理解，浮士德不知满足地徜徉在各个学术领域之中，甚至出于求知的本能而献身于魔法和魔鬼。我们只要把他与苏格拉底放在一起比较，就不难发现，现代人已经开始怀疑苏格拉底的求知欲的局限性，并寻求从广阔、荒凉的知识海洋中游向岸边。一次,歌德在向爱克曼[①]提到拿破仑时说:“是的,我的朋友,这世上还有一种行动的创造力。”他以一种优雅素朴的方式提醒我们,非理论型的人对现代人来说是多么不可思议和令人吃惊,所以我们只有具备歌德的智慧才能发现,即使是这样一种令人诧异的存在形式也是可以理解,甚至是可以原谅的。

而现在,我们不应该再回避这种隐藏在苏格拉底文化核心的东西了!那就是自以为拥有无限权力的乐观主义!现在,如果这种乐观主义的果实已然成熟,如果社会已经被这种文化侵蚀到骨髓,并在旺盛的冲动和欲望的作用下逐渐颤抖,如果对万民世俗幸福的信念,对这种普及知识文化之可能性的信念,逐渐变成对这种亚历山大式的世俗幸福的偏执追求,变成对欧里庇得斯的机械降神的召唤,我们就不必感到吃惊了!我们应该记住:亚历山大文化需要一个奴隶阶级,以便能够长期存在,但在其乐观主义的生存观中,它否认这种阶级的必要性,因此,当其关于“人的尊严”和“劳动的尊严”之类的蛊惑人心、安慰人心的好听话失效后,这种乐观

---

① 歌德的助手,《歌德谈话录》的作者。

主义便逐渐走向可怕的毁灭。没有什么比野蛮的奴隶阶级更可怕的了，他们已经觉悟，认为自己的存在是一种不公正的生存方式，并准备不仅为自己且为世世代代进行报复。在这种威胁性的风暴面前，谁敢以肯定的勇气向我们苍白而疲惫的宗教发出呼吁？这些宗教已经从根本上退化为学术性的宗教，以致神话，一切宗教的必要前提，已彻底瘫痪，甚至在这个领域中，乐观主义精神已经占据上风。我们认为，这种乐观精神正是毁灭我们社会的病菌。

当现代人逐渐因潜藏在理论文化怀抱中的灾祸而感到恐惧时，他开始不安地从他的经验宝库中寻找规避危险的方法，但连他自己都不太相信这些手段能够奏效，于是，他开始预料自己的结局。而此时，一些博学多才的伟大人物已经以令人难以置信的谨慎态度，拿起科学的武器证明了一般认知的局限性和条件性，从而果断地否认了科学有关普遍有效性和普遍目的性的主张。通过这样的证明，人们第一次认识到那种自称借助因果律就能摸清事物最内在本质的想法只不过是一种妄想。康德和叔本华的巨大勇气和智慧取得了最艰难的胜利，也就是对隐藏在逻辑本质中的、被我们称为文化根基的乐观主义的胜利。这种乐观主义以在其眼中不容置疑的“永恒真理”作为支撑，相信所有世界奥秘都是可认识的和可探究的，并将空间、时间和因果关系视为具有最普遍有效的绝对规律。相反，康德向我们揭示出，这些范畴实际上只是为了将纯粹的现象，即摩耶的产物，提升为唯一的、最高的现实，并用其替代事物的真正本质，进而使人们无法真正了解事物的真相。用叔本华的话说，就是让做梦的人睡得更沉（《作为意志和表象的世界》第一卷，第 498 页）。我将随着这种认识应运而生的一种文化称为悲剧文化，这种文化最重要的特征是，智慧取代科学成为它的最高目标，它不受科学的诱惑和干扰而分心，它冷眼纵观着世界的整体图景，并试着以同情的关爱之心将世间永恒的痛苦视为自己的痛苦。让我们想象一下，这成长中的一代，他们目光坚毅、英勇无畏；让我们想象一下，这屠龙的勇士，他们大步向前，果敢骄傲地拒绝了乐观主义的一切软弱学说，以求在整体和完满中“坚定地活着”——那么，这种文化的悲剧人物，在对自己进行教育以求变得严肃和畏惧的过程中，岂不是要渴求一种新的艺术，一种形而上慰藉的艺术，渴望悲剧，就像渴望他的海伦一样？他会与浮士德一同呐喊：

> 我岂能不望穿秋水，
> 让绝世美人焕发生机？①

但是，一旦苏格拉底文化因以下两方面原因而遭到了质疑，只能用颤抖的双手握住它那不容置疑的权杖——首先是出于对其逐渐预感到的自身后果的恐惧，其次是因为它不再像以前那样天真和自信，相信其论据的永恒有效性了。于是，便出现了这样一幕悲惨的景象：它的思想总是翩翩起舞，充满渴望地扑向新的美人，想要拥抱她们，然后又突然让她们离开，就像靡非斯特抛开诱惑的拉弥亚②一样，令人不寒而栗。这就是那个“断裂”的特点，那个我们每个人都习惯把它称为现代文化原始苦难的“断裂”；理论家被自己的结论吓到了，他不满足于此，但又不再敢把自己托付给赖以存在的可怕冰流，于是就在岸边惴惴不安地踱来踱去。他不想再求全了，完全不想面对事物全部的、自然的残酷。就此而

① 参见歌德《浮士德》第二部。

② 参见歌德《浮士德》第二部的一个场景。

言，倒是乐观主义的思想使他变得娇弱了。此外，他还感受到，当一种建立在科学原则上的文化开始变得不合逻辑，即开始逃避自己的结论时，这种文化必将消亡。我们的艺术揭示了这种普遍的困境：人们徒劳地模仿所有伟大的创作时期和创作天才；人们徒劳地把整个“世界文学”聚集在现代人周围以安慰他，人们徒劳地将他置身于所有时代的艺术风格和艺术家中间，这样他就能像亚当给动物命名那样，给他们命名。但他仍然是一个永远饥饿的人，一个没有欲望和力量的“批评家”，一个亚历山大式的人物——从根本上说，他只不过是一个因书籍灰尘和印刷错误而惨遭失明的图书管理员和校勘员式的人物罢了。

十九

倘若要描述这种苏格拉底文化的最内在含义，那么不如将其称为歌剧文化。因为在这个领域中，这种文化以其特有的天真将它的意志和认知表达了出来。如果我们把歌剧起源和歌剧发展的事实与日神和酒神的永恒真理结合起来，我们会倍感惊讶。我首先想起了咏叹调[①]和宣叙调[②]的起源。你相信吗？这样一种完全表面化的、不知虔诚为何物的歌剧音乐，却能被一个时代狂热地接受和珍视，仿佛它是一切真正音乐的重生一样，而这个

---

① 配有伴奏的一个或多个声部的优美旋律，多表现演唱者的感情。

② 语出意为“朗诵”的意大利语动词，类似朗诵的曲调。

时代刚刚才诞生了帕莱斯特里纳[①]那无比崇高与神圣的音乐。另一方面，谁会把如此急剧蔓延的对歌剧的兴趣仅仅归咎于佛罗伦萨社会里的挥霍无度和那些戏剧歌手的虚荣心呢？在同一时期，甚至是在同一个民族中，在整个基督教中世纪萦绕着帕莱斯特里纳和声的拱顶建筑旁，出现了一种对半音乐的讲话形式的热情。对于这种现象，我只能用宣叙调本质中的非艺术倾向来加以解释了。

歌者想要迎合观众，满足他们想要听清歌声下的歌词的愿望，于是，歌者与其说是在歌唱，不如说是在吟诵，并在这半歌唱的形式中强化了歌词的悲情表达。这种强化的悲情促进了听众对歌词的理解，于是，剩下的半段音乐也就不那么晦涩难懂了。现在，威胁到他的真正危险是一旦他不合时宜地过分强调了音乐，就会立刻破坏语言的悲怆感和词句的清晰性。

而另一方面，他总是有一种想要释放自己的音乐热情，想要一展歌喉的冲动。这时，“诗人”前来帮忙了，诗人知道如何为他提供足够多的机会来进行抒情的

---

① 意大利文艺复兴时期最重要的作曲家之一，其主要成就为教堂音乐。

感叹，反复吟诵名言和警句等。这样一来，歌手就可以在纯粹的音乐元素中放松一些，不用考虑歌词了。但这种强烈的情感的交替，即半唱的说话和作为咏叹调本质的全唱的感叹之间的彼此交替，有时借助于听众的理解力、想象力，有时借助于听众的音乐本能来进行表达，这种快速变换的唱法，是完全不自然的，而且在本质上与酒神和日神的艺术冲动是相互矛盾的，人们不得不得出这样的结论：宣叙调的起源是在所有艺术本能之外的。根据这种描述，宣叙调应该被定义为史诗朗诵和抒情朗诵的结合体，但绝不是两种完全不相干的东西无法实现的一致性融合，而是外在的镶嵌式的结合，因为这种东西在自然领域和经验领域完全没有先例。然而，这并不是宣叙调发明者的观点。相反，他们自己以及他们的时代认为，咏叹调解开了古代音乐的奥秘，唯有此才能解释奥菲斯、安菲翁[①]，乃至希腊悲剧的巨大影响力。

这种新风格被认为是最具感染力之音乐的复兴，即古希腊音乐的复兴。事实上，鉴于普遍流行的“荷马世界是原始世界”的概念，人们允许自己做这样的梦：他们仿佛

① 宙斯的儿子，相传他以竖琴的魔力建成了忒拜的宫殿。

又回到了人类天堂般的伊始，在那里，音乐必须具有无与伦比的纯粹、力量和纯真，诗人在他们的田园诗中如此感人地描述了这里的场景。在这里，我们看到了一种真正的现代艺术形式——歌剧的最内在成因，即对艺术的一种强烈的非审美的需求，对田园生活的渴望，对富有艺术气质的善良人们的原始存在的信念。宣叙调被看作是对原始人类语言的重现，而歌剧则被看作是对牧歌般或史诗般美好生灵之故土的重现。同时，这些生灵的所有行为都遵循着自然的艺术冲动，有什么话要说时，至少都要唱上几句，因此，一旦情绪稍有波动，他们就立刻引吭高歌。当时的人文主义者就是用这种新创造的天堂般的艺术家形象来反对教会的“人生来就是腐化堕落的生灵”的陈旧思想。因此，歌剧可以理解为善良的人们所提出的具有反抗性质的信条，同时，它还为对抗悲观主义提供了慰藉的手段，这种悲观主义吸引的正是那个时代中思想严肃的一群人，他们总是对社会的各种不确定的状况产生了恐惧。只要我们认识到，这种新艺术形式的真正魅力和产生的根源在于满足一种完全非审美的需求，在于对人本身的乐观主义颂扬，在于将原始人视为天性善良和富有艺术气质的人，那就足够了。歌剧的这种原则已经逐渐变成了一种威胁性的要求，面对当前的社会主义运动，我们再也不能忽视它了。“善良的原始人”想要得到他的权利，这是多么美好的前景啊！

除此之外，我还能提出一个同样清晰的证据来证实我的观点，我认为歌剧与我们的亚历山大文化建立在同一个原则之上。歌剧诞生于理论家之手，诞生于外行批评家之手，就是没有诞生在艺术家之手：这是全部艺术史上最令人吃惊的事实之一。不懂音乐的听众首先被要求的是听懂歌词，因此，他们认为，只有人们发现了一种歌唱方式，即歌词像主人统治仆人一样统治着对位旋律，才有可能期待音乐艺术的重生。因为据说，词语比伴奏的和声系统要高贵得多，正如灵魂比肉体要高贵得多。在歌剧的早期，音乐、形象和歌词的结合方式就是按照这种外行的、不懂音乐的粗鄙之见来处理的。这种美学意义上的首批实验发生在佛罗伦萨上流的外行圈子里，是由那里受到庇护的诗人和歌手发起的。没有艺术感觉的人为自己创造了一种艺术，正是因为他本身就是不懂艺术的人。因为他不能领悟音乐的酒神深度，所以就把自己的音乐品位转变为咏叹调中激情的歌词和声音的理性修辞，转变为对歌唱技艺的追求；因为他无法看到幻象，所以他强迫机械师和布景师为他服务；因为他无法掌握艺术家的真正本质，所以他根据自己的品位幻想出“艺术原始人”，也就是那种一有情绪波动就唱歌和吟诵诗句的人。他梦想自己进入一个激情足以产生歌曲和诗歌的时代，仿佛情感真的创造过艺术作品似的。歌剧的前提是关于艺术创作过程的一些错误信念，也就是田园诗般的信念，即每个有感觉的人实际上都是一个艺术家。就这种信念而言，歌剧是艺术外行的表现，它以理论家那种欢快的乐观精神向艺术发号施令。

如果让我们用一个概念来统一上述两种对于歌剧的诞生有着重要作用的观点，那么我们只能说这是歌剧的牧歌倾向。在这一点上，我们只需引用席勒的表述和解释即可证明。席勒说 :“无论是自然还是理想，倘若它们都是悲伤的对象，那么前者是已经失去的，后者是尚未达到的。倘若两者都是快乐的对象，也只因它们被当作真实的东西呈现了出来——第一种情形产生的是狭义的哀歌，第二种情形产生的是最广义的牧歌。”[①] 在这里，我们必须立刻注意这两个概念在歌剧起源中的共同特点，即在这两种情况中，理想并没有被认为是无法实现的，

① 参见席勒《论素朴的与感伤的诗》。

自然也没有被认为是已经失去的。按照这种认识，我们认为这世上存在一个人类的原始时代，在这个时代里，人类能够贴近自然的核心，并在这种自然状态中实现了人类的理想，而后进入一种天堂般的善良和艺术的氛围之中。我们都是这个完美的原始人的后代，甚至与他们长得一模一样，只是我们必须抛弃一些东西，自愿放弃多余的博学和过度的文化，才能重新认识到自己就是这个原始人。文艺复兴时期有教养的人用歌剧模仿希腊悲剧的方式让自己回到了自然与理想的和谐状态，回到田园诗般的现实；他利用这种悲剧，就像但丁利用维吉尔一样，目的就是让他为自己引路，以找到天堂之门。而从这里开始，他独自前行，从对希腊最高艺术形式的模仿到“万物的复归”，再到对人类原始艺术世界的复制；在理论文化的怀抱之中，这些大胆的尝试充满着多么自信的善意啊！这只能用一种令人欣慰的信念来解释了，即“人本身”是永远有德行的歌剧主角，是永远会吹笛子或唱歌的牧羊人，即使在某个时刻他真的暂时失去了自我，到最后也一定会找到自己原来的样子，这是那种乐观主义的果实，仿佛是从苏格拉底世界观的深处升起的一炷甜蜜诱人的迷烟。

所以，歌剧的面孔绝不是永远失去式的哀痛，而是永获重生般的欣喜，是一种牧歌式生活的惬意，人们至少在任何时候都可以将其想象成是现实生活。然而，终有一天人们会突然顿悟，原来这种臆想的现实不过是一场愚蠢的幻想游戏而已，对此，任何能够用真实自然的可怕严肃性去衡量它，用人类初期的原始实景来与之相较的人，都会厌恶地喊出：快滚开，你这个幻象！然而，如果有人认为这样简单大喝一声就可以像赶走幽灵一样，赶走这戏耍般的歌剧，那就错了。无论谁想摧毁歌剧，都必须与亚历山大式的乐天精神做斗争，这种精神在歌剧中如此天真地表达了它最钟爱的观点，甚至说歌剧就是它真正的艺术形式。但是，这种艺术形式的起源根本就不在审美领域之中，而是从一个半道德的领域偷偷溜进了艺术领域，只能偶尔瞒过我们，隐藏起它的混合血统，我们又能指望这种艺术形式对艺术本身起到什么作用呢？如果不靠真正的艺术，这种寄生的歌剧又靠什么来汲取营养，借以为生呢？我们岂非可以这样推测：在其牧歌式的诱惑下，在其亚历山大式的奉承下，艺术的最高的、真正严肃的任务——将眼睛从黑夜的恐怖中拯救出来，用外观的灵丹妙药将主体从意志冲动的抽搐中拯救出来——会退化为一种空洞和涣散的娱乐倾向吗？我在前文分析咏叹调的本质时提到两种风格，在这两者相互混合的情况下，酒神和日神的永恒真理会变成什么呢？在那里，音乐被视为仆人，歌词被视为主人；音乐被比作肉体，歌词被比作灵魂。在那里，最好的情形不过是把类似于新阿提卡酒神颂中的音响图画当作最高目标。在那里，音乐完全丧失了它作为酒神世界之明镜的真正尊严，因此，它只得沦为现象的奴隶，模仿现象的形式，用线条和比例的游戏来激起一种浅薄的快感。仔细观察，我们就会发现，歌剧对音乐的这种致命影响与现代音乐的整个发展过程是相互吻合的；潜伏在歌剧起源和它所代表的文化本质中的乐观主义，以可怕的速度成功地剥夺了音乐在酒神世界的使命，并为它注入了游戏性和娱乐性的特征，这种变化只能用埃斯库罗斯的悲剧人物蜕变为亚历山大式的乐天人物来比拟了。

然而，如果说在上述例子中，我们已经正确地将酒神精神的消失与希腊人最引人注目的、迄今为止尚且无法解释的转变和堕落联系起来了——那么当明确的预兆出现，它向我们保证，在我们的当今世界会经历相反的过程，即酒神精神会逐渐苏醒时，我们的心中会重新燃起怎样的希望啊！赫拉克勒斯的神力不可能永远服侍翁法勒[①]，在安乐状态中消耗自我。一种力量已经从德国精神的酒神根基升起，它与苏格拉底文化的原始前提毫无共同之处，既不能之来解释，也不能用之开脱，反而被苏格拉底文化视为相当难以解释的以及十分敌对的东西——这就是德国音乐，主要指熠熠生辉的大师们，即从巴赫到贝多芬，从贝多芬到瓦格纳。即便是在最有利的情况下，我们这个时代的苏格拉底式求知主义又能做些什么来对抗这个从无尽深渊里升起的恶魔呢？无论是从歌剧旋律的华美乐章，还是借助赋格曲和对位法的计算表，都不可能找到一个公式，念上三遍就指望能降服这恶魔。我们的美学家手持他们特有的“美”的罗网，追赶和捕捉着那以令人不可思议的活力在他们面前嬉戏的音乐天才，这是多么壮观的景象啊，他们的行为既不能用永恒的美感，也不能用崇高来评定。当这些音乐支持者如此不知疲倦地呼唤“美哉！美哉！”时，我们只需要近距离亲眼看一看他们到底是像自然最喜爱的孩子，在美的怀抱中受到教育和宠爱，还是在寻找一件骗人的外衣来掩盖自己的粗俗，抑或是在寻找

① 古希腊神话中，赫拉克勒斯为翁法勒女王服役三年，以消除罪孽。

一个审美的借口来粉饰自己的冷漠。在这里，我想到了奥托·扬[①]作为例子。但是，面对德国音乐，这个骗子和伪君子还是小心点吧，因为德国音乐正是我们所有文化中唯一纯洁的净化之火，正如以弗所伟大的赫拉克利特所教导的那样，万物从它开始，又终将朝它而去，如此循环往复；我们现在称为文化、教育、文明的一切，终有一天将不得不接受公正的法官酒神狄奥尼索斯的审判。

那么，让我们回忆一下，出自同一源头的德国哲学精神如何通过康德和叔本华的努力，证明了科学苏格拉底主义的局限性，以此摧毁了它扬扬得意的生存喜悦，又如何通过这种证明，开始了对伦理问题和艺术问题的极为深刻与严肃的思考——我们可以直接将其称为概念化的酒神智慧。如果不是指向一种新的存在形式——其内容我们只能借助希腊先例加以推测，那么德国音乐和德国哲学之间的这种统一性的奥秘又能指向哪里呢？对于站在两种不同存在形式边界上的我们来说，希腊时代的楷模还保有不可估量的价值，所有这些转变和斗争也都在他们身上以一种经典的、颇具指导意义的形式呈现

① 德国著名古典学家。因尼采深受另一位古典学家李奇尔的赏识，故而对奥托·扬多有批评与讽刺。

了出来。只是我们似乎是在按照相反的顺序以类比的方式体验着希腊天才所经历过的各个主要时代，例如，现在是从亚历山大时代倒退回了悲剧时代。同时，我们还有一种感觉，即德国精神受到强大的外部力量的入侵，并在其奴役下野蛮地、无助地生活了很长一段时间之后，悲剧时代的诞生对它来说仿佛意味着一种回归，一种幸福的对于自我的重新发现。现在，在回到了生命的起点之后，它终于敢在所有民族的面前大胆地自由地阔步前行，而无须罗马文明的牵引了。如果说它只需要坚定不移地向一个民族学习，那就是希腊民族，因为向希腊学习本身已经是一种崇高的荣耀和罕见的光荣了。而当我们正经历着悲剧的重生，并且面临着既不知道它从哪里来，也不能解释它想去哪里的危险时，我们还有什么时候比现在更需要这些至高无上的导师呢？

二十

终有一天，一位公正的评判者会做出判断，迄今为止，在哪个时代，哪个人身上，德国精神曾经竭尽全力地向希腊人学习过。如果我们满怀信心地假设歌德、席勒和温克尔曼[①]的无比崇高的启蒙运动理应获得这独一无二的赞美，那么我们无论如何也得补充一句，自那个时代以来，继那场运动的直接影响以后，沿着同一条路径进行启蒙和学习希腊人的努力却令人不解地逐渐衰落了。为了不致对德国精神完全失望，我们难道不应该

① 德国考古学家、艺术史学家。

由此得出结论：在某些关键问题上，即使是那些先驱者也没能成功地深入希腊精神的核心，没能在德国文化和希腊文化之间建立起持久的、坚韧的纽带吗？无意间发现的这一缺陷也让一众严肃认真的人产生了一种绝望的怀疑：在这些先驱者之后，他们真的能在这条启蒙的道路上走得更远，最终达到目标吗？出于这个原因，从那时起，我们看到有关希腊人的启蒙价值的论调开始出人意料地大幅衰弱；在各种各样的精神和非精神的阵营中都能听到极具优越感的怜悯的论调。而在别的地方，又有人卖弄着毫无用处的辞令，如“希腊和谐”“希腊之美”“希腊达观”等。而恰恰是在那些为了德国教育的利益而不知疲倦地汲取希腊文化的养分，并以此为荣的群体里，在高等教育机构的教师圈子里，人们学会了草率地、轻佻地向希腊人妥协，并常常会抱着怀疑的态度放弃希腊理想，彻底颠覆了所有古代研究的真正意图。在这些群体中，凡是没有耗费全部精力去做一个可靠的古籍校勘者或自然历史语言学的鉴定者的人，他也许还想在掌握其他国家的古代文化以外，“历史地”掌握古希腊的文化，但不管怎样，他们总是一边用着我们现在有教养的历史书写方法，一边摆出一副极具优越感的嘴脸。因此，如果说高等教育机构实际的教育力量从来没有像现在这样低落和薄弱，如果说当“新闻记者”，即今天的纸媒奴隶，在教育的各个方面战胜了高级教师，而后者唯一能做的就是像以前那样改变自己——他们现在也能用记者的腔调，带着这个领域的“轻松优雅”，仿佛是一只欢快的有教养的蝴蝶般翩翩起舞，那么在当今这个时代，当这样一群有教养的人，必须目睹那个只能从迄今为止仍无法被阐明的希腊精神的最深处用类比的方法才能被理解的现象，即酒神精神的复苏和悲剧的重生时，将会感到怎样的尴尬和混乱呢？没有任何一个艺术时期像我们现在亲眼看到的那样，所谓的教育和真正的艺术是如此彼此疏远和厌恶对方。我们很清楚为什么这种软弱的教育憎恨真正的艺术，因为它担心自己会被艺术击垮。但是，整个文化形式，也就是那种苏格拉底－亚历山大的文化，在像现代教育这样达到了羸弱的极限之后，难道不应该走向生命的尽头吗？如果像席勒和歌德这样的英雄都没能成功地打开那扇通往希腊魔山的大门，如果他们即使进行了最勇敢的斗争也没能更进一步，只能流露出像歌德笔下伊菲格涅亚从蛮荒的陶里斯隔海遥望故乡那样渴望的目光，那么这些英雄的后裔还能有什么希望呢？除非在神秘的悲剧音乐复苏的巨响之中，魔山的大门在以往所有文明的努力都尚未触及过的一个侧面突然自动为之敞开。

但愿没有人试图摧毁我们对古希腊文化即将重生的信念，因为只有在它那里，我们才能找到用音乐的圣火去复兴和净化德国精神的希望。除此之外，我们还能指望什么能在当前文化的荒凉和疲惫中，唤起人们对未来的任何令人欣慰的期望呢？我们想要寻找一颗茁壮的根苗，一片肥沃的土壤，然而到头来只是枉然，到处都是灰尘、沙石、倦怠和枯萎。在这里，我们找不到比画家丢勒为我们描绘的与死亡和魔鬼为伴的骑士更好的象征来表现一个凄凉的、孤独的人了——这个披着盔甲的骑士目光坚毅，无惧两个可怕的同伴，却又毫无希望地带上一马一犬独自踏上了可怕的征程。我们的叔本华就是这样一位丢勒画笔下的骑士：他的心中毫无希望，却依旧寻求着真理。现在已经找不到像他这样的人了。

但前文我们用阴沉疲惫的话语描述过的文化荒野一旦触碰到酒神的魔力，就会瞬间发生巨大的变化！一股狂飙席卷了所有破旧的、腐烂的、破碎的、枯萎的东西，旋转着将它们裹挟进尘雾之中，如秃鹫一般把它们带入云霄。我们满目迷惘，环顾四周，想要寻找那业已消失的东西，我们仿佛看到有什么东西从下沉的地方升起，笼罩在金色的光辉下，如此饱满青翠，如此繁茂灵动，如此令人憧憬和不可估量。悲剧端坐在这丰富的生命、痛苦和欢乐之中，怀揣着崇高的喜悦，倾听着来自远方的忧郁的歌——它歌唱着存在之母，她们的名字是：幻觉、意志、痛苦。是的，我的朋友，和我一起相信酒神的生命力，相信悲剧的重生吧。苏格拉底式人物的时代已经过去了，现在，请戴上常春藤花冠，拿起酒神杖，倘若老虎和豹子谄媚地趴在你们脚下伏低做小，也请不要吃惊。现在，请大胆去做一个悲剧人物吧，因为你们必将得救。你们将伴随酒神游行队伍，从印度走到希腊！准备好进行艰苦的战斗吧，但要相信你们的神终将创造奇迹！

二十一

现在，让我们从劝诫的口吻回到适合沉思者的情绪中，我想要再一次强调，只有向希腊人学习我们才能懂得悲剧奇迹般的突然觉醒对于一个民族生命的最内在基础意味着什么。正是这个有着悲剧秘仪的民族奋起反抗了波斯人，现在，经历战争的他们也需要悲剧作为必要的康复剂。谁会想到，这个民族的几代人在经历过酒神魔力最强烈的痉挛刺激之后，竟还能如此强烈地爆发出最朴素的政治情感、最自然的家国情怀和最原始的战斗勇气。毕竟，在每一次酒神冲动如火如荼地蔓延时，人们总能看见酒神摆脱了个体化的束缚，这首先表现为政治本能的日渐削弱，直至后来发展为对政治本能的冷漠甚至敌视。而另一方面，建国之神阿波罗同时也是个体化原理之神，没有对个体人格的肯定就不可能有国家和故乡的意识。一个民族想要摆脱纵欲主义的道路只有一条，那就是印度佛教之路。他们为了忍受对虚无的渴望，就需要进入那种罕见的狂喜状态——一种超越时间、超越空间、超越个体的状态。而这种状态反过来又需要一种哲学，去教会人们通过想象来克服中间状态下的难以描述的不快。同样，如果一个民族无条件地认定这些政治冲动的有效性，就会不可避免地走上一条极端世俗化的道路，其中最宏伟但也最可怕的表现就是罗马帝国。

被迫在印度和罗马之间做出选择的希腊人却成功地发明了第三条路，即古典的纯粹主义，虽然没有长期为自己所用，却因此永垂不朽。诸神的宠儿往往早亡，这一点适用于万物，但同样可以肯定的是，正是因为这一点，他们才能够与诸神一起永生。我们不能要求最高贵的东西一定具有皮革的持久韧性，例如罗马民族天性中坚韧不拔的品格，可能不能算作完美的必要前提之一。但是，如果我们要问，是什么灵丹妙药让希腊人在他们的全盛时期，凭借酒神精神和政治冲动的非凡力量，既没有因狂喜的沉思，也没有因过度追求霸权与荣耀而精疲力竭，而是实现了一种美妙的混合，仿佛一种既让人兴奋又让人清醒的佳酿，那么我们必然会想起悲剧的巨大力量，它激发、净化和释放了一个民族的全部生命力。只有在以下情况下我们才会感受到它的最高价值：像在希腊人那里一样，它在我们这里也成了具有预防和治疗作用的灵药，成了一个民族最强大品质和最致命品质之间的调和剂。

悲剧吸收了音乐最恣意狂欢的力量，使得音乐臻于完美，在希腊人身上如此，在我们身上亦如此，但转眼间，它又把悲剧神话和悲剧英雄置于音乐一侧，这悲剧英雄仿佛泰坦巨神一般，背负起整个酒神世界，减轻了我们的负担。而另一方面，它知道如何凭借悲剧神话和悲剧英雄的形象，把我们从贪婪的生存欲望中解救出来，并以告诫之手提醒我们还有另一种存在方式和更高级别的快乐；战斗的英雄通过他的灭亡，而不是通过他的胜利，为自己预先备下了这份快乐。悲剧将一个崇高的比喻，即神话，置于其音乐的普遍有效性和能敏锐感知酒神精神的听众之间，并使观众产生一种幻觉，仿佛音乐只是活跃神话造型世界的最高表现手段。正是有了这崇高的幻觉，悲剧才可以挥舞四肢，跳起酒神颂的舞蹈，毫无顾忌地沉浸在纵情的自由之感中；倘若没有这幻觉，作为音乐本身的悲剧就不敢恣意狂欢了。神话保护我们不受音乐的影响，另一方面又赋予音乐最高级别的自由。作为回赠，音乐也赋予悲剧神话以强烈的、令人信服的形而上的意义，如果没有音乐的帮助，光靠语言和形象是永远无法达到这种效果的。凭借音乐，悲剧观众的心中会升起一种可靠的预感：这条毁灭和否定的道路终将通往最高的快乐，以致他觉得好像听到了万物的至深奥秘在与自己对话。

如果说我已经在上述言论中对这一深奥难懂的观点做出了初步的、只有少数人能立刻理解的说明，那么就请允许我在这一点上不遗余力地鼓励我的朋友们再做一次尝试，请他们通过我们共同经历过的一个例证，而做好认识这一一般性命题的准备。在这一例证中，我并不会提及那些必须借助舞台布局、演员的台词和情感，才能感知音乐的人，因为对于这些人来说，音乐并不是他们的母语，纵然有了这些助力，他们也没能穿过感知音乐的前厅，接触音乐最神圣的地方，其中一些人，比如格维努斯，在这条路上甚至连前厅都没有进去呢。相反，我的表述只针对那些与音乐紧密相连的人，他们徜徉于音乐之中就好像置身于母亲的怀抱，仅仅通过无意识的音乐关系而与事物建立联系。对于这些真正的音乐家，我想提出一个问题，他们能否想象有这样一个人，他能够不借助于台词和形象而纯粹地把《特里斯坦与伊索尔德》[①]的第三幕当作一场盛大的交响乐来感受，且不因心灵之翼的痉挛而窒息？在这种情况下，仿佛有一个人把他的耳朵贴在世界意志的心房上，汹涌的生存欲望犹如雷鸣般的洪流，又如流水潺潺的小溪，从这里涌入世界的所有血管，难道他不会一下子心力交瘁吗？他躲在可怜脆弱的躯壳里，怎能忍受来自“世界黑夜的广阔空间”[②]里的无数欢声和哀号的回响，而不在形而上学的牧羊舞中，不断地回避他的原始家乡呢？但是，如果这样的作品可以被作为一个整体来领悟而不否定个体的存在，如果这样的作品可以被创作而不毁灭它的创造者——我们该如何解释这样的矛盾呢？

在这里，悲剧神话和悲剧英雄介入了我们最高的

① 瓦格纳的重要歌剧之一，也是他很珍爱的一部作品。歌剧讲述了王妃伊索尔德与将军特里斯坦因误服爱情毒药而相爱，并最终难逃死亡的悲剧。

② 引自《特里斯坦与伊索尔德》。

音乐冲动和音乐之间，从根本上说，它们只是唯有音乐才能讲述的最普遍事实的譬喻。然而，如果我们把它看作是纯粹的酒神本质来感受，那么这个譬喻的神话在我们身边就是全然无效的，不会被人注意，也不会阻碍我们聆听“先于事物的普遍性”的回响。然而就在此时，日神的力量迸发而出，带来了幸福幻景的灵药，使几近破碎的个人得以恢复。突然间，我们仿佛看到了特里斯坦，只见他怔怔地自问：“老生常谈！它唤醒了我什么？”而过去在我们看来是来自存在中心的空洞的叹息，现在却只想告诉我们“大海是多么寂静空寥”。而当我们以为自己呼吸微弱、濒临死亡的时候，在所有的感情冲突和动荡中，唯有一样东西将我们与这种存在联系在一起，我们现在只听到和看到那个受了致命伤害却未死去的英雄，他绝望地呼喊道：“渴望啊！渴望！我在垂死中渴望，我因渴望而不死！”如果说以前，在饱受这样痛苦的折磨之后，每一声号角的欢呼声更如万箭穿心般让人痛苦到了极点，那么现在站在我们和这种“欢呼声”之间的是快乐的库尔文纳尔[①]，他的目光追随着载有

①《特里斯坦与伊索尔德》中特里斯坦的侍从。

伊索尔德的小船。同情心已在我们心中深深扎根，从某种意义上说，正是这种同情心把我们从世界的原始痛苦中拯救出来，就像神话的譬喻形象把我们从直视最高世界理念的偏执中拯救出来，思想和台词把我们从无意识意志的无限涌动中拯救出来一样。这奇妙的日神幻觉让我们仿佛看到音乐世界像造型世界一样站在我们面前，特里斯坦和伊索尔德的命运也仿佛是用最柔软可塑的材料制作而成的。

因此，日神精神使我们脱离了酒神的普遍性，让我们为个体着迷。它将我们的同情心施与这些个体，又通过这些个体，满足了我们对伟大而崇高形式的美感之渴望；它将生命的形象一一展示给我们，激励我们去思考这其中蕴含的人生真谛。凭借形象、概念、伦理教义、同情心的巨大力量，日神精神把人从纵欲式的自我毁灭中拉了出来，诱导他对酒神过程的普遍性视而不见，使他产生错觉，误认为自己看到的是一幅单一的世界图景，如《特里斯坦与伊索尔德》，而通过音乐则能更清楚、更透彻地看到它。如果日神的回春之力甚至能让我们产生一种幻觉，仿佛酒神精神真的在为日神精神服务，还能增强其效果，甚至以为音乐在本质上就是一种表现日神内容的艺术，那么还有什么是日神魔力所做不到的呢？

在完美的戏剧与它的音乐之间那预先设定的和谐关系中，戏剧达到了一种话剧所无法企及的可视度。正如舞台上所有栩栩如生的人物凭借独立运动的旋律线索，在我们面前简化为清晰的线条一样，这些线索的并列也在以最微妙的方式与情节进展相配合的和声变化中向我们发声。通过这种和声的变化，事物的关系以一种感性的、绝非抽象的方式立即为我们所感知。同样，通过它我们认识到，只有在这些关系中，一个人物和一个旋律线索的本质才得以完全显现。音乐因此迫使我们比平时看得更多、看得更深入，它令舞台情节如一张精致的罗网一般在我们面前展开，在我们一双双洞察内心的慧眼面前，舞台的世界仿佛被内在的光辉照亮，拓展至无限大。使用文字的诗人利用一种更不完善的机制，以一种间接的方式，从歌词和概念出发，费尽心力，只为实现可视化舞台世界的内在扩展和内在照明，这样的诗人能取得什么成绩呢？虽然音乐悲剧也使用歌词，但它同时也会给出歌词的基础和诞生地，并从内在本质出发为我们阐明歌词的生成。

但是可以肯定地说，上述描述的过程只是一幅壮丽的假象，即前面提到的日神的幻觉。通过这幻觉的作用，我们得以从酒神的过度冲击中解脱出来。音乐与戏剧的关系从本质上说正好相反：音乐是世界的真正理念，戏剧只是这个理念的反映，是它的孤立的影像。旋律线索和生动的人物之间的一致性，和声和人物的性格关系之间的一致性，并不像我们看音乐悲剧时感受到的那样，而是一种相反意义上的一致性。我们可以把人物描绘得激动人心、栩栩如生，由里及表地散发着光辉，但它始终只是一个现象，没有一座桥能从这里通往真正的现实、世界的中心。然而，音乐正是世界的中心向我们发出的声音，无数这样的现象可能会通过同一种音乐来表达，但它们永远不会穷尽音乐的本质，只是它的表面映象而已。当然，对于音乐和戏剧之间复杂的关系，用灵魂与肉体相对立的这种流行的荒谬说法来解释，也是无用的，只能把一切搅乱。但这种对立的非哲学式的粗俗说法，似乎已经成为哲学家们奉为圭臬的信条，谁知道是什么原因呢！与此同时，他们对现象与事物本身的对立却一无所知，或者出于同样未知的原因，根本就不想了解。

从我们的分析可以看出，悲剧的日神元素通过它制造的幻觉，完全战胜了音乐的酒神元素，并利用音乐达到了它的目的，即最清楚地阐明戏剧，那么我们有必要在这里做一个非常重要的补充说明：这种日神的幻觉会在最关键的时刻遭遇摧毁。戏剧借助音乐在我们面前徐徐展开，所有的动作和人物都是如此清晰和富有内涵，仿佛织布机上的经线和纬线上下交错产生织物一样顺畅，于是戏剧从整体来说，达到了超越一切日神艺术彼岸的效果。在悲剧的整体效果中，酒神精神再次占领了上风；悲剧以一种在日神的艺术领域中闻所未闻的声音结束了。因此，酒神幻觉显现了真容，此前，它一直在悲剧的表演过程中遮掩了真正的酒神效果。但尽管如此，酒神效果还是强大到最终将日神戏剧本身推向了一个开始用酒神的智慧说话、否认自己及日神可视性的领域。这样一来，悲剧的日神精神与酒神精神之间的复杂关系可以用两神之间的兄弟联盟来象征：酒神说着日神的语言，日神最终也说起酒神的语言，至此便实现了悲剧和一般艺术的最高目标。

二十二

细心的朋友，现在，请根据你的经验，认真地、毫无杂念地思考一下音乐悲剧的真正效果。鉴于我已经从两方面描述过这种效果，所以我想你现在一定知道如何说明自己的经验。你会记得，当神话在你面前上演，你仿佛觉得自己拥有了全知全能的力量，你的视力已不再停留在看见事物的表面，而是能够深入事物的内在本质。凭借音乐，你仿佛能够觉察到意志的沸腾、动机的斗争、激情的涌动，它们就像是无数律动的线条和生动的形象正呈现在你面前；你仿佛可以参透无意识情绪的最微妙的奥秘。当你因此意识到自己对可视化和形象化的渴望已经达到了最高程度时，你同样明确地意识到，这一系列的日神艺术效果并没有催生出那种真正的日神艺术家——雕塑家和史诗诗人通过他们的艺术作品所表达出的无意志静观的幸福感，也就是在这种静观中实现的对个体化世界的辩护，而这种幸福感恰恰是日神艺术的顶点和缩影。你观赏美化了的舞台世界，却又否认了它。你看到眼前的悲剧英雄具有史诗般的明朗和美丽，却又因他的毁灭而欢欣鼓舞。你对剧情了如指掌，却又喜欢逃到无法理解的地方去。你觉得英雄的行为是合情合理的，但在它导致英雄灭亡时，却又感觉精神昂扬。你对英雄即将遭遇的痛苦感到不寒而栗，却又在这苦难中预感到一种更高的、更强烈的愉悦感。你比以往看得更多、更深，却希望自己双目失明。如果不是酒神的魔力，还有什么能造成这奇妙的自我分裂，造成日神艺术之巅峰的崩塌呢？表面上，酒神的魔力把日神冲动刺激到了顶点，却又迫使旺盛的日神力量为其服务。悲剧神话只能被理解为通过日神的艺术手段而达到的酒神智慧的形象化体现；神话将现象的世界引向极限，又在那里否定了自己，并试图逃回真正的、唯一的现实怀抱，然后在那里，像伊索尔德一样，开始了其形而上的绝唱：

在欢乐海洋的
澎湃波涛里，
在大气之波的
响亮回声里，
在世界呼吸的
飘逸宇宙里——
沉溺——淹没——
不自觉的——最高地狂喜！[①]

因此，我们根据真正的审美听众的经验，看到了悲剧艺术家本人，看到他如何像一个多产的个体化之神，创造出他的人物形象，从这个意义上说，他的作品很难被理解为“对自然的模仿”——但随后，他巨大的酒神冲动又如何吞噬了整个现象世界，以预示在这现象的背后，通过它的毁灭，能够在太一的怀抱中获得艺术最高的原始快感。当然，我们的美学家们对这种回归原始家园的行为、对悲剧中两个艺术之神的兄弟联盟、对听众

① 参见《特里斯坦与伊索尔德》。

的日神兴奋和酒神兴奋闭口不谈，却不厌其烦地把英雄与命运的斗争、道德世界秩序的胜利或悲剧带来的情感释放描述为真正的悲剧特征。这种“孜孜不倦”的精神使我想到，他们可能根本不是具有审美感知力的人，在聆听悲剧的时候，他们也许只能被视为道德家。自亚里士多德以来，还从来没有人对悲剧效果做出过这样的解释：从悲剧的效果中可以推断出听众的艺术状态和审美能力。时而有人说，严肃的剧情应当促使我们宣泄怜悯和恐惧，以减轻我们的痛苦；时而有人说，我们应当在善良和高尚的原则下取得胜利，应当因英雄为道德世界观的牺牲而感到振奋和激动；尽管我相信对于许多人来说，这就是悲剧的效果，也唯此才是悲剧的效果，但由此可以看出，所有这些人，连同他们的释义美学家，从未把悲剧当作一种最高的艺术形式来体验。这种病态的“宣泄”，这种亚里士多德的内心净化，语言学家们不知道应该把它算作是医学现象还是道德现象，这让人想起歌德那句名言。他说：“我对病理学没有什么兴趣，我也从来没有成功地处理过任何悲剧场面，因此我宁愿避开它，而不去探寻它。难道这也是古人的优点之一？对他们来说，最高的悲情也不过是一场审美游戏，而对我们来说，必须依靠自然真理的参与才能产生这样的作品。”[①] 对于最后这个如此深刻的问题，现在我们可以根据自己的美好经历而做出肯定的回答，因为我们在音乐悲剧中惊奇地发现，最高的悲情也许真的只是一种审美游戏。为此我们可以相信，只有现在才能成功地描述悲剧的原始现象。那些仍然只能谈论非审美领域的替代效应，并且觉得自己不能超出病理和道德范畴的人，可能会对自己的审美天性感到绝望。而我们则建议他们用格尔维努斯[②] 的方式来解释莎士比亚,并努力寻找“诗的正义”来作为无辜的替代品。

因此，随着悲剧的重生，审美听众也得以复活，而此前坐在剧院观众席的一直是一些古怪的“批评家”，他们既有着对道德的要求，又有着对学术的要求。在过去的领域里，一切都是人造的，只是被粉饰了生命的假象。事实上，表演艺术家已经不知道该如何对待这样一个吹毛求疵的观众了。因此，他和激励他的戏剧家或歌剧作曲家一起，焦急地在这个苛刻空虚的、不会享受的人身上寻找最后残余的生命迹象。然而，迄今为止，观

① 参见歌德 1797 年 12 月 18 日致席勒的信。

② 德国历史学家、文学批评家。

众都是由这样的“批评家”组成的；大学生、小学生，甚至最善意的女性，都已经在教育和报刊的潜移默化中培养出同一种感知艺术作品的能力。艺术家中的佼佼者们指望激发这些观众的道德力量和宗教力量，在本应以强大的艺术魔力使真正的听众心醉神迷的地方，却用一些“道德世界秩序”取而代之。更有甚者，剧作家将宏大的，至少是激动人心的政治现状和社会现状清楚地呈现出来，以致听众忘记了自己的批判本性，转而沉浸于类似面对爱国主义、战争时刻、议会辩论或犯罪审判时所产生的情感之中，这种与真的艺术意图渐行渐远的行为必然会导致对倾向的崇拜。但是，一切假艺术中常常发生的事情，在这里也未能幸免：倾向会急速衰落，比如，在席勒时代还被认真对待的“把戏剧作为对民众进行道德教育的手段”这种倾向，现在已经被看作不可信的、腐朽陈旧的教育手段，甚至遭到了摒弃。当批评家掌控了剧院和音乐会，记者掌控了学校，新闻界掌控了社会，艺术就沦为一种最低级的娱乐对象，美学批评则成为一种虚荣的、心不在焉的、自私自利的，以及毫无原创力的交际手段，这种交际活动的含义可以通过叔本华的豪猪寓言来理解；然而，艺术在任何时代都没有像现在这样被谈论得如此之多，被尊重得却如此之少。我们还能与一个谈论贝多芬和莎士比亚的人交往吗？每个人都可以根据自己的感受来回答这个问题：不管怎样，他都可以用他的回答来证明他所理解的“教育”是什么，前提是他试图回答这个问题，而不是已经惊讶得说不出话来。

另一方面，许多天生高贵且温柔的人，即便按上述方式逐渐成为一个野蛮的批评家，也还能讲出像《罗恩格林》[①]这样成功的演出对他产生的出乎意料且完全无法理解的影响。只是也许，他身边缺少一个告诫和引导他的人，所以当时那种给他深深震撼的、难以理解的、与众不同的、无与伦比的感觉仍然是孤立的，像一颗神秘的星星在短暂地发出光芒之后，就熄灭了。正是在那时，他才隐约体会到了审美听众的内涵。

① 德国作曲家瓦格纳创作的一部三幕浪漫歌剧，脚本由作曲家本人编写。

二十三

谁想要认真审视一下自己是不是一个真正的审美听众，还是属于苏格拉底式的批判家之流，就需要诚实地问自己，他在欣赏舞台上呈现的奇迹时是何种感觉：他是否觉得他所坚持的严格的心理因果律的历史意识受到了冒犯，他是否以宽容的态度把这个奇迹当作一个孩子可以理解而他深感陌生的现象，或者，他是否在这个过程中体会到了其他东西。通过这一点，他就可以衡量自己能够在多大程度上理解神话，理解这浓缩的世界图景；而作为现象的缩影，神话不能没有奇迹。然而，很有可能的情况是，几乎每个人在进行严格审视之后都会发现，自己已经被当代教育中的批判历史主义精神侵蚀，以至于他只有通过学术的手段、间接的抽象才能使自己相信神话曾经存在过。然而，如果没有神话，每一种文化都会失去其健康的极具创造性的自然力量，只有被神话包围的视野才能将整个文化运动归为统一。只有神话才能将一切想象力和一切日神的梦境力量从漫无目的的游荡状态中拯救出来。神话的形象必须是不易觉察，却又无所不在的神圣守护者，年轻的灵魂在它的庇佑下长大，成年人又通过它的象征意义来解释自己的生活和斗争，甚至国家也不知道能有什么比神话基础更强大的不成文的法律，保证它与宗教的联系，保证它是从神话观念中诞生而出。

现在让我们设想一下这样的场景：一群没有神话指引的抽象的人，拥有着抽象的教育，抽象的习俗，抽象的法律，抽象的国家；一种不受任何本土神话的约束而四处漫游的艺术想象力；一种没有固定的神圣发源地，却注定要穷尽所有可能性，并依靠所有外来文化勉强度日的文化——这就是当代旨在摧毁神话的苏格拉底主义所造成的恶果。而现在，没有神话指引的人们，时刻感觉饥肠辘辘，他们站在那里，面对一切历史，埋头挖掘着，试图寻找自己的根，哪怕必须挖向最遥远的古代也在所不惜。现代文化尚未被满足的巨大历史需求，对无数其他文化的聚集汇拢，涸泽而渔的求知欲，这一切如果不是说明我们丧失了神话，丧失了神话家园，丧失了孕育神话的场所，还能说明什么呢？人们不禁要问，这种文化如此狂热躁动，如果不是因为饥饿者的贪婪索取、饥不择食，还能是什么？——谁还会愿意给这样一种文化提供补给呢？它吞噬了一切，却还不知足；它拥有了最丰盛、最健康的食物，却将其变成“历史和批判”。

如果德国精神已经与文化纠缠在一起，变得密不可分，甚至合为一体——正如我们在开化了的法国吃惊地看到的那样，那么我们一定会对此感到绝望。长期以来，法国最大的优点和傲人的优势正是来源于这种民族和文化的统一性，看到这里，你一定会感叹我们是幸运的，因为我们这种问题满满的文化，迄今为止，与我们民族性格的高贵核心并没有任何共同之处。恰恰相反，我们都渴望这样一种认识：在焦躁不安、不断抽搐着的文化生活和教育痉挛下，隐藏着一种壮丽的、内在健康的、古老的力量，诚然，它只在重大时刻才猛地发力，然后又再次陷入梦乡，梦想着未来的觉醒。德国宗教改革正是从这一深渊中成长起来的，德国音乐的未来曲调正是在它的赞美诗中第一次响起。路德的这首赞美诗的音调听起来是那么深沉、勇敢和深情，是那么热情、美好和温柔，就像春天来临之际从茂密的灌木丛中传来的第一声酒神的呼唤。酒神信徒那庄严肃穆而又热情奔放的游行队伍争相予以回应，我们要将德国音乐的诞生归功于他们——我们要将德国神话的重生归功于他们！

我知道，我现在必须把这位乐于追随的朋友领到一个孤独沉思的高处，在那里，他将只有几个同伴，我大声地鼓励他说，我们必须紧紧跟随我们光辉的向导——希腊人。为了净化我们的审美知识，我们从他们那里借来了两个神灵的形象，它们各自主宰一个独立的艺术领域，我们通过希腊悲剧对它们之间的相互接触、相互助力有了一定的了解。在我们看来，悲剧的衰落就是由于这两种最原始的艺术冲动之间奇怪的相互决裂而发生的。与悲剧的衰落过程相呼应的是希腊民族性格的退化和转变，这就要求我们认真思考一个问题：艺术与人民、神话与习俗、悲剧与国家在此基础上是如何必然且紧密地交织在一起的。悲剧的衰落同时也是神话的衰落。在此之前，希腊人总是不由自主地立刻将他们所经历的一切与他们的神话联系起来，甚至只有通过这种联系才能理解他们的经历。因此，他们认为，每一个当下都必定立刻进入永恒，在某种意义上说，即超越时间。但无论是国家还是艺术都沉浸在这一永恒的潮流中，以便从当下的负担和贪欲中脱离，得到安宁。而一个民族——当然，一个人也一样——只有在它能够给自己的经验打上永恒的烙印时，才是有价值的；因为这样一来，它仿佛就能超凡脱俗，显示出它对于时间的相对性、对生命真正的，即形而上的无意识的内在信念。当一个民族开始历史地看待自己，并打破周围的神话壁垒时，就会发生相反的情况：通常与之相伴的是坚定的世俗化倾向，是与其早期生活中无意识的形而上学的决裂，是一切伦理道德的后果。希腊艺术，首先是希腊悲剧，阻止了神话的毁灭，所以必须将两者一同毁灭，才能脱离故土，从而在思想、习俗和行动的荒野中肆意生存。即使是现在，这种形而上的冲动还试图在勃兴的科学的苏格拉底主义中创造一种神化的形式。尽管这是一种被削弱的形式，但在较低的层次上，这种冲动只会导致一种狂热的探索，而这种探索又会逐渐陷入自四面八方聚拢而来的神话和迷信的魔窟之中。然而，希腊人端坐在这魔窟中间，心中并不满足，直到他像格里库鲁斯（这是对希腊人的一种蔑称）那样，懂得了如何用希腊式的达观和希腊式的无忧来掩盖这种狂热，或者用某些沉闷的东方迷信来完全麻醉自己。

自从十五世纪亚历山大—罗马时代复兴以来，在经历了一段难以言状的漫长的间歇期之后，我们很明显地接近了上述这种状态。我们有着同样旺盛的求知欲，同样永不满足的探索欲，同样巨大的世俗化倾向，同时还加上了一种无家可归的彷徨流浪，一种掠夺他人美食的贪得无厌，一种对“现在”的轻浮崇拜，或者一种对所有归于世俗范畴的东西，即对“当代”的麻木的疏离；这些相同的症状表明，这种文化的核心有着相同的缺点，表明了神话的湮灭。想要一直成功地移植外来神话，又不重伤本土文化之树，看来是不可能的。这棵树也许原本足够强壮和健康到可以通过艰苦卓绝的斗争再次驱逐外来者，但往往会因此消耗自己的能量，从而走向枯萎和凋零，抑或是在病态的茂盛中耗竭。我们如此看重德国民族性格中纯粹而强健的核心，以至于我们敢于期待它去消除强行植入的外来因素，并认为德国精神有可能会进行自我反省。也许有人会认为，德国精神必须从消除罗马因素的斗争开始。他可能是在上一场战争中德国人的英勇善战和浴血荣耀中看到了为战争所做的表面准备，并备受鼓舞。但他必须在竞争中寻求一种内在的冲动，才能永远无愧于这条道路上崇高的先驱者，无愧于路德以及我们伟大的艺术家和诗人们。但是，他绝不可以相信，没有他的家神，没有他的神话家园，没有所有德国事物的"回归"，他还能进行这样的战争！如果德国人胆怯地环顾四周，想要寻找一个向导把他带回久违的故乡——因为他已经不记得回家的路怎么走了，那么他只需要听听盘旋在他头顶的酒神灵鸟欢快的鸣叫，它在说，它愿意为他指路。

二十四

在音乐悲剧的特殊艺术效果中，我们不得不强调一种日神的幻觉，通过这种幻觉，我们将免于直接同酒神音乐合为一体，而我们的音乐激情也可以在日神领域和介入其中的一个可见的中间世界里释放自我。这时，我们认为自己已经看到，通过这种释放，戏剧过程的中间世界，乃至整个戏剧，由里及表地变得清晰可见、浅显易懂，其程度是一切其他日神艺术所无法企及的。因此，当我们看到这种日神艺术被音乐精神所激发和提升时，我们不得不承认，它的力量得到了最大的发挥，因此，日神艺术和酒神艺术的意图就在日神和酒神的兄弟联盟中达到了顶峰。

当然，音乐从内部发出的日神辉光，远胜日神艺术于外部呈现的那种效果；史诗或雕塑能够迫使观察者的眼睛在个体化世界中获得平静的愉悦，然而尽管戏剧具有更强的生命力和更高的清晰性，却无法做到这一点。我们观赏戏剧，用洞察的目光穿透它内在的、动人的动机世界，然而我们似乎会感觉到，似乎只有一个譬喻形象从我们身边经过，我们认为自己已猜到了它最深层的含义，我们希望像掀开面纱一般瞥见它背后的原型。最明亮、最清晰的形象也不能让我们满足，因为它似乎揭示了一些东西，同时又掩盖了它；它譬喻式的启示似乎在邀请我们撕开面纱，揭开神秘的背景，但与此同时，这种通透的全景视野又迷住了我们的双眼，让我们无法进行深入的了解。

没有体会过“想要观看悲剧，又渴望超越观看”的人很难想象，人们在观看悲剧神话时，这两个过程是如何明确而清晰地并存着，又是如何被同时感受到的。而真正的审美观众会证实我的看法，在悲剧的特殊效果中，这种并存现象是最显著的特征。现在，如果把审美观众的这一现象转换成发生在悲剧艺术家身上的类似过程，人们就能理解悲剧神话的起源了。悲剧神话与日神的艺术领域共享着假象和静观带来的全部乐趣，同时又否定了这种乐趣，并在这可见的假象世界的毁灭中，收获一种更高的满足感。悲剧神话的内容首先是对战斗英雄的颂扬，是史诗般的事件。但英雄命运中的苦难、最惨烈的征服、最痛苦的动机冲突，都是西蒙智慧的表现，或者，从美学上讲，是丑陋和不和谐，它们总是被一而再、再而三地重新描述，人们对此有着如此大的偏爱，且特别在一个民族最繁盛和最年轻的时代，如果不是恰恰体验到了一种更高级的愉悦的话，那么这种令人费解的悲剧特征又从何而来呢?

我们不能用“生活的确如此悲惨”这一点来解释一种艺术形式的起源；艺术不仅是对自然现实的模仿，更是为了战胜自然现实而创造出来的对其形而上的补充。悲剧神话，只要它属于艺术，就会拥有一般艺术的形而上的美化意图。但是，当它借助受难的英雄形象来呈现现象世界时，它美化了什么？它绝不是美化了这个世界的“现实”，它在告诉我们：“看！仔细看！这就是你的生活！这就是你生命之钟上的时针！”

那么，神话把生命展示出来，就是为了在我们面前美化它吗？如果不是这样，那么那些与我们擦肩而过的形象又会带给我们怎样的审美愉悦呢？我问的是审美愉悦，但我也清楚地知道，除了审美愉悦，许多这类形象还能产生道德上的愉悦，例如以怜悯或道德胜利的形式。但是，如果有人只想用道德起源来推导悲剧的效果——当然这也是美学界长期以来的普遍现象，那么他就千万不要以为自己为艺术做了什么贡献，因为艺术首先要求在自己的领域内保持纯洁。为解释悲剧神话，首先需要的正是在纯粹的审美领域寻求它特有的愉悦，而不是蔓延至怜悯、恐惧、道德上的崇高境界。那么，丑陋和不和谐，也就是悲剧神话的内容，如何能引起审美愉悦呢？

在这里，我们有必要做一个大胆的尝试，那就是重提我先前的命题，即生命和世界只有作为审美现象时才显得合理，才能跃然进入一个艺术的形而上学的领域。从这个意义上说，是悲剧神话让我们相信，即使丑陋和不和谐的东西也是意志与自己玩的一场艺术游戏，其间亦永远充盈着愉悦的气氛。然而，酒神艺术的原始现象是很难把握的，我们只有在“音乐的不和谐音”这个概念下，才能直接理解和直接把握它，就像我们只有将世界置于与音乐并列的位置，才能理解世界是一种审美现象这个命题的含义。悲剧神话所产生的愉悦感与音乐的不和谐音所带来的愉悦感有着相同的根源。酒神精神及其在痛苦中所感受到的原始快乐是音乐与悲剧神话的共同发源地。

难道我们不应该借助音乐的不和谐关系来大大简化悲剧效果的难题吗？现在我们就能理解“想要观看悲剧，又渴望超越观看”这句话的意义了。我们不得不将艺术上的不和谐描述为这样一种状态：我们想要倾听，同时又渴望超越倾听。当人们在明确感受到的现实中获得了最高的愉悦感时，这种对无限的追求，对飞翔的渴望，无一不在提醒我们有必要把这两种状态看作是同一种酒神现象，原始快乐的流露就是一种建造又摧毁个体世界的游戏，就像哲学家赫拉克利特把创造世界的力量比作一个嬉笑玩耍的孩子，他垒砌石头，堆起沙堆，然后又一把把它们推倒。

想要正确评估一个民族的酒神能力，我们不仅要考虑这个民族的音乐，还要考虑这个民族的悲剧神话，把它当作这种能力的第二个见证。鉴于音乐和神话的密切关系，我们同样可以假定，一方的退化和衰落必将导致另一方的萎缩：就像酒神能力的减弱可以表现为神话的衰弱。但只要瞥一眼德国民族性格的发展，我们就不会对这两者产生怀疑了：无论是在歌剧中，还是在我们缺乏神话存在的抽象特征中，无论是在已经沦为娱乐的艺术中，还是在由概念指导的生活中，我们都看到了苏格拉底乐观主义非艺术的、吞噬生命的本性。不过，令我们欣慰的是，有迹象表明，尽管如此，德国精神仍然十分健康，极具深度与酒神力量，它无坚不摧，就像一个沉睡的骑士，在一个深不可测的深渊中安然酣睡。从这个深渊中，传来了酒神的歌声，是它想让我们知道，直到现在，这位德国骑士还在这最幸福庄重的幻觉中，做着他古老的酒神神话之梦。不要以为德国精神已经永远失去了它的神话故乡，它仍然能够清楚地理解那盘旋在头顶的灵鸟的鸣叫。有朝一日，当他从酣睡中醒来，整个人生机勃勃，他将杀死恶龙，消灭奸诈的侏儒，唤醒布伦希尔德[①]，届时，哪怕沃坦[②]的长矛也无法阻挡他的道路！

我的朋友们，你们相信酒神音乐，也一定知道悲剧

①《尼伯龙根的指环》中的女武神。

②《尼伯龙根的指环》中的众神之王。

对我们来说意味着什么。在悲剧中，我们拥有从音乐中重生的悲剧神话——在悲剧神话里，你可以希望得到一切，忘记最痛苦的事情！但对我们所有人来说，最痛苦的莫过于德国天才离乡背井，长期处于为奸诈侏儒服务的屈辱之中。你们理解这话的意思——正如你们终究也会理解我的希望。

二十五

音乐和悲剧神话都是一个民族酒神能力的体现，彼此不可分割。两者都源于一个超越日神的艺术领域；两者都美化了一个世界，在这种快乐的和谐里，不和谐的声音和可怕的世界形象都愉快地消失了；两者都在玩弄不愉快的芒刺，都相信自己超强的艺术魔力；两者都通过这种游戏证明了，即使是“最坏的世界”也有其合理性。在这里，酒神精神与日神精神相对，显示出自己才是永恒和原始的艺术力量，它唤起了整个现象世界。在这中间，为了让生动的个体化世界继续活下去，就需要新的美化的假象。如果我们可以设想，这种不和谐音幻化成人——否则人还能是什么呢？——那么，这种不和谐音为了能够活下去，就需要一个美好的幻象，用美丽的面纱遮住自己本来的面目，这就是日神真正的艺术意图。我们将所有那些美丽假象的无数幻觉都归于日神的名下，这些幻觉使生命的每一个时刻都值得去体验，并一直敦促我们去体验下一个时刻。

同时，所有从一切的基础，世界的酒神根基，进入人类个体意识的东西，都恰好被日神的美化力量所克服。因此，这两种艺术冲动不得不遵循永恒的正义法则，按照严格的比例发展各自的力量。在酒神力量如我们所经历的那样急剧高涨之时，日神一定已经裹着云彩降临到了我们面前，它那壮观的美的效果必然会被下一代人看到。

这种美的效果是必要的，每个人都会凭直觉感受到这一点，只要他曾经，哪怕是在梦里，发觉自己回到了古希腊的生活。漫步在高大的爱奥尼亚柱廊下，仰望着由纯洁且高贵的线条隔开的地平线，身旁闪亮的大理石中倒映着他美化了的形象，人们在他周围庄严地大步向前或徐徐移动，和着和谐的歌声，摆着律动的舞姿——面对这不断涌现的美景，他怎能不高举双手向日神感叹："幸福的希腊人啊！如果提洛斯神[①]认为必须用这种魔力来治疗你们的酒神狂热，那么可见你们的酒神是多么伟大啊！"然而对于一个怀有如此心绪的人，年迈的雅典人也许会向他投以埃斯库罗斯的崇高目光，回答道："但是，奇怪的外乡人啊，那么你也来说说吧，这个民族为了变得如此美丽，承受了多少苦难啊！现在且跟我去看悲剧吧，和我一起到两位神灵的庙宇里献祭！"

① 这里的提洛斯神指的就是日神阿波罗，提洛斯是阿波罗出生的岛屿。

酒神世界观①

① 本文写于1870年，尼采生前未出版。

一

希腊人借诸神表达了，同时又隐藏了其世界观的神秘学说，他们把两位神灵——日神阿波罗和酒神狄奥尼索斯——当作他们艺术的双重来源。在艺术领域中，这两个名字代表着相互对立的两种艺术风格，它们几乎总是在斗争中齐头并进。然而这一次，他们却在希腊“意志”的全盛时期，在阿提卡悲剧的艺术作品中融合在了一起。人在梦境和醉境这两种状态下获得了生的快感。在梦境中，每一个人都充满了艺术家的气息，梦境的美好假象是一切造型艺术之父，且正如我们将会看到的，也多半是诗歌之父。我们尽情地享受着对形象的直接理解，所有的形式都在对我们说话；没有什么无关紧要和不必要的东西。在这个梦境最生动之时，我们甚至会心生被其光芒穿透的感觉，只有当这种感觉停止时，恶果才会开始显现，在这种情况下，梦不再让人神清气爽，梦境所具有的自然疗愈力量也戛然而止。然而，在这个限度内，我们以那种旺盛的理解力在自己身上寻找的，绝不仅仅是愉快的、友好的形象，严肃的、悲伤的、阴郁的、黑暗的形象也被我们以同样的快乐来看待。只不过在这里，假象的面纱也必定在风中摇曳，不能完全遮住现实的基本形式。因此，梦是人类个体与现实的游戏，而造型艺术（在更广泛的意义上）则是雕塑家与梦的游戏。雕像作为大理石块时是一个非常现实的东西，但作为梦中形象时则是活生生的神的形象。只要雕像还在以一个幻想的形象浮现在艺术家的眼前，那么艺术家就仍然在与现实游戏；唯有当他把这个形象转移至大理石中时，他才在与梦游戏。

那么，阿波罗在什么情况下才能成为艺术之神呢？仅在他是梦境表象之神的情况下。他是彻头彻尾的“照耀者”，从最深层次的根源上说，他是日神和光明之神，他在万丈光芒中表露自己。“美”是他的基本特征；永恒的青春被赋予了他；就连梦境的美丽假象也是他的国度。更高的真理、梦境的完美与当时无法完全理解的日常现实形成对比，这一切使阿波罗晋升为预言之神，但同样肯定的是，他还是一位艺术之神。美丽假象之神必须同时是真实认知之神。但是，梦中的形象不能越过那个微妙的界限，以免产生病态的效果，在那里，外表不仅让人迷惑，还会让人受骗。这条界限在阿波罗的本性中也是不可或缺的：那种适度的限制，那种从狂野冲动中的解脱，那种造型之神的智慧和宁静。他的眼睛必须是“像太阳一样”[①]平静，即使目光中透露着愤怒和不满，它也同样身披着美丽假象的庄严。

相反，酒神艺术是建立在醉和狂喜游戏的基础上的；有两种力量可以将素朴的自然人提升到忘我的醉境状态，即春天的本能和麻醉性饮料。它们的作用以酒神形象作为象征。在这两种状态下，“个体化原则”被打破了，主观性在一般人性、甚至普遍自然人性的新兴力量面前完全消失了。酒神节不仅缔结了人与人之间的盟约，还促进了人与自然的和解。大地自愿献上它的

① 参见歌德《温和的格言》。

礼物，野兽温驯地走来，酒神的花环战车由虎豹牵引。贫穷与专制设置在人与人之间的所有等级壁垒全部消失了：奴隶成了自由人，贵族和贱民同时出现在了酒神巴克斯[①]的歌队之中。“世界和谐”的福音随着逐渐壮大的队伍从一个地方传到另一个地方，人们载歌载舞，把自己表现成为一个更高、更理想的共同体中的一员；他已经忘记了如何走路、如何说话。更有甚者，觉得自己着了魔，真有了巨大的变化。诚如动物开口说话，大地流出牛奶和蜂蜜，人的身上也发出了超自然的声音。他感觉自己就是神，他在自己身上感受到了原本只存在于他想象中的东西。现在对他来说，形象和雕像又算得了什么呢？人不再是艺术家，他变成了一件艺术品，就像在梦中看到的诸神变幻那样，自己也在心醉神迷与庄严肃穆中变幻着。在这里，自然的艺术力量——不再是一个人的艺术力量，被表现得淋漓尽致；人这块更高贵的黏土，这块更珍贵的大理石在这里被揉捏、被塑造。这个由艺术家狄奥尼索斯塑造的人，与自然的关系就像雕像与阿波罗艺术家的关系一样。

---

① 酒神狄奥尼索斯的别名。

如果说醉是自然与人的游戏，那么酒神艺术家的创作就是一场醉的游戏。如果人们没有亲身经历过这种状态，那么就只能通过譬喻的方式来理解了。这就类似于，当一个人做梦的时候，他同时感觉梦是一个梦。因此，酒神的侍者必须处于醉的状态，同时作为观察者埋伏在身侧看着自己。酒神的艺术性并非在审慎和陶醉的交替中，而是在两者的并存中。

这种并存标志着希腊文化达到了巅峰时刻：最初，只有阿波罗是希腊的艺术之神，正是他的力量将从亚洲入侵而来的狄奥尼索斯有效制服，以至于出现了最美的兄弟联盟。这是理解希腊本质中令人不可思议的理想主义的最简单方法：源自对亚洲人来说意味着最粗暴地释放低级本能的对自然的崇拜，一种在一定时间内打破所有社会纽带的泛泛的动物性生活，在他们那里成为了世界救赎日、耶稣变容节。他们本质中的一切崇高天性都在这种狂欢的理想化过程中显露出来。

但是，希腊主义从未经历过比暴风雨般来临的新神更大的危险了；德尔斐的日神智慧也从未在如此这般美丽的光芒中显示自己。起初，他很不情愿地用最精细的纱线围住这个强大的对手，使得对手几乎无法注意到自已正在半监禁状态中发生变化。由于德尔斐的祭司们看透了新崇拜对社会再生进程的深刻影响，并按照自身的政治和宗教意图来推进这种崇拜，由于日神艺术家小心翼翼地向酒神仆人的革命性艺术学习，由于德尔斐祭礼中的年度主角最终在日神和酒神之间敲定，因此两位神仿佛都成了竞争中的胜利者，达成了竞技场上的和解。如果人们想清楚地看到日神元素对酒神非理性的超自然元素的遏制力有多么强大，那么人们可以想想，在较早的音乐时期，酒神颂的风格同时也是宁静的。日神的艺术精神越强大，兄弟神狄奥尼索斯的发展就越自由：在菲狄亚斯[①]时代，日神充分地、不可动摇地看到了美，与此同时，酒神则在悲剧中解释了世界的谜团和恐怖，并在悲剧音乐中表达了最内在的自然思想，以及在所有现象之中和之上的“意志”活动。

如果音乐也是日神艺术，那么准确来说，它只是一种节奏，这种节奏的造型力量是为了表现日神状态而发展出来的：日神音乐是声音的建筑，更多的只是暗示性的声音建筑，就像是基萨拉琴所特有的声音。这种构成

---

① 被公认为最伟大的古典雕刻家。其著名作品为世界七大奇迹之一的宙斯巨像和巴特农神殿的雅典娜巨像。

酒神音乐特征，乃至一般音乐特征的元素，即声音的震撼力量和绝对无与伦比的和声世界，被小心翼翼地避开了。希腊人对此有着最细腻的感觉，正如我们可以从音调的严格特征中所觉察出的那样，即使希腊人对已经实现了的、真正响亮的和声的需求比现代世界要少得多。在和声模进[①]及其略写记号[②]中，在所谓的旋律中，“意志”在没有事先进入一个现象当中的情况下，直接地展示了自己。每个个体都可以作为一个比喻，就像是一般规则的单一案例一样；然而，酒神艺术家却正相反，他将以一种直接可理解的方式呈现出现象的本质，他控制住尚未成型的意志的混沌，并能在每个创造时刻从它那里创造出一个新世界，但那同时也是一个以现象著称的旧世界。在后一种意义上，他是一位悲剧音乐家。

在酒神的陶醉中，在所有灵魂音域受到麻醉性的刺激而急速穿越中，或者在春天本能的释放中，自然展现了其最强大的力量：它将个体生命重新连接在一起，让它们感到自己是一个整体，这样一来，个体化原则看起来仿佛是意志的持续性虚弱状态。意志越是堕落，一切

① 指歌曲的主题旋律、其他乐句旋律等重复出现时，每一次的高度都不相同。

② 音乐中的略写记号就是使记谱简化，便于识谱。

就越会破碎成个体，个体越会自私自利地任意发展，它所服务的机体就越虚弱。因此，在这些状态下，意志的感性特征会爆发出来，仿佛是“万物的叹息”，为失去之物而叹息；从最高的快乐中发出惊恐的呼声，为不可弥补的损失发出渴望的哀叹。繁茂的自然在庆祝它的农神节的同时也在庆祝死亡。而祭司们的各种情绪则以最奇妙的方式混合在一起，痛苦唤起了喜悦，欢呼攫取了胸中悲叹。这位解救之神完成了一切事物的自我救赎，改造了一切。自然被激动的民众赋予了声音和动作，这些民众的歌唱和表情对荷马的希腊世界来说是一种全新的、闻所未闻的东西；对于希腊世界来说，它是某种东方的东西，希腊世界必须以自身巨大的节奏力量和造型力量来征服它，就像对待同时期的埃及神庙风格那样。这就是将超强大的本能戴上了美的镣铐的日神民族，他们将自然最危险的元素、最狂野的野兽束缚在枷锁之中。如果人们把酒神庆典中希腊文化的神灵化与其他民族中从同一起源产生的东西相比较，人们便会最为惊叹希腊文化的理想主义力量。类似的节日颇为古老，并在各地得以佐证，最著名的要数巴比伦的萨凯恩节。在这里，在为期五天的节日里，一切国家和社会纽带都被撕碎，其核心在于性的原始状态，在于通过无限制的混乱的性行为消灭所有的家庭文化。与此相反的是欧里庇得斯在《酒神的伴侣》中勾勒出的希腊酒神庆典的画面，其中流露出了同样的魅力，同样的音乐之变容的陶醉，斯科帕斯[①]和普拉克西特勒斯[②]将其浓缩成雕像。一位信使告诉我们，他在正午的热浪中赶着牛群来到了山峰：这是一个合适的时间，也是一个合适的地点，他看到了从未见过的场景；此刻的潘神在睡觉，此刻的天空是不动声色的荣耀背景，此刻的白昼开始繁荣。在一个高山牧场上，信使注意到三支女子歌队，她们四散地躺在地上，姿态端庄：许多妇女靠在冷杉树的树干上，万物皆在沉睡。突然，彭透斯的母亲开始欢呼雀跃，睡意被吓跑了，所有人都跳了起来，这是一幅温如春熙的画卷；年轻的女孩和妇女们让她们的鬈发落在肩上，如果睡觉时丝带和蝴蝶结松开了，她们就把鹿皮衣整理好。她们把蛇缠在自己的腰间，蛇亲切地舔着她们的脸颊，一些妇女把小狼和小鹿抱在怀里，给它们哺乳。所有事物都用常青藤花环和野牵牛花来装饰自己。酒神杖往岩石上

---

① 古希腊著名雕刻家、建筑师。

② 古希腊古典后期杰出的雕塑家，生平不详。

一敲，就会有水涌出，往地上一戳，就会有酒喷出。香甜的蜂蜜从枝头滴落，只要用指尖戳地，就会有雪白的牛奶迸出。这是一个全然醉境的世界，大自然与人类一起庆祝二者和解的节日。神话中说，阿波罗将被撕裂的狄奥尼索斯重新拼凑起来。这是由阿波罗重造的狄奥尼索斯形象，是从亚洲式的撕扯中拯救出来的狄奥尼索斯形象。

二

完美的希腊诸神，正如我们在《荷马史诗》中已经看到的那样，当然不能被理解为困境和需求的产物；这样的生命肯定不是由因害怕而颤抖的人所孕育的，一种天才般的想象力也绝不是为了逃避生活而将诸神的形象投射到蓝天中。从他们口中道出的是一种生命的宗教，而不是责任的、禁欲的、有教养的宗教。所有这些形象都散发着生命胜利的气息，对生命的丰富感受伴随着诸神崇拜。他们并不求什么，现存的东西皆被神化，无论它是善是恶。如果用其他宗教的严肃性、神圣性和严厉性来衡量，希腊宗教便有被低估为一个幻想游戏的危险——除非人们能够那认识个经常不被承认的最深层智慧的特征，通过它，那个伊壁鸠鲁派[①]的神性突然出现，成为无可比拟的艺术家们的创作，且近乎最高级别的创作。这是被抓住的森林之神向凡人揭示的大众哲学："最好的就是不要出生，次好的就是尽快死亡。"[②]正是这种哲学构成了诸神世界的背景。希腊人知道生存的恐怖和可怕，但为了能够活下去，他们把这种感情隐藏起来。按照歌德的象征，这是一个藏在玫瑰花下的十字架。这种光芒四射的奥林匹斯精神之所以占据了主导地位，是因为命运的险恶力量注定了阿喀琉斯的早逝和俄狄浦斯的可恶婚姻，而它却被宙斯、阿波罗、赫尔墨斯等光辉形象掩盖了起来。如果有人除去了那个中间世界的艺术假象，人们就不得不追随酒神的伙伴——森林之神的智慧。正是出于这种必然性，这个民族的艺术天才才创造了这些神灵。因此，神义论从来都不是一个希腊问题；人们应该避免对诸神有过多的期待，苛求他们保障世界的存在以及负责世界的状态。即便是众神也受制于必然性：这是最罕见的智慧的表白。

① 因其创始人伊壁鸠鲁而得名，倡导以感觉主义为出发点。

② 参见尼采《悲剧的诞生》第 3 节。

在一面神化了的镜子中看到自己的存在，并用这面镜子保护自己，抵御美杜莎的攻击——这就是希腊人为了活下去而使用的“意志”的巧妙策略。因为如果不向他们显示那种环绕在诸神周身的更高荣耀，那个无限敏感的、极易痛苦的民族，还能如何忍受生命呢？唤起艺术进入生命的这同一种冲动，作为存在的补充和完成，诱使我们继续生活下去，也产生了奥林匹斯世界，一个美丽、宁静和欢乐的世界。

从这样的宗教效果出发，生命被理解为在荷马世界里从本质上就是值得追求的东西，即在诸神的明媚阳光下生活。在荷马笔下，人类的痛苦与他们脱离此在有关，尤其是与尽快脱离此在有关：一旦悲叹之声响起，就会一再响起“短命的阿喀琉斯”，响起人类的快速更迭，响起英雄时代的消亡之声。人类渴望活下去，哪怕是作为苦工，也不失为最伟大的英雄。“意志”从来没有像在希腊文化中这样公开地表达过自己，它的悲叹本身也是它的赞歌。这就是为什么现代人渴望那个他认为可以听到自然和人之间完全共鸣的时代；这就是为什么希腊精神是所有那些不得不四处寻找光辉典范来有意识地肯定意志之人的格言；这就是为什么最后在那些追求享乐的作家笔下出现了“希腊式达观”的概念，他们以一种大不敬的方式，竟用“希腊式”一词来为懒惰的闲散生活开脱，甚至是表彰。

在所有这些把最崇高之物误认为是最卑微之物的观念中，希腊主义被理解得过于粗糙和简单，并在某种程度上是按照简单的、近乎片面的民族（如罗马人）形象塑造成的。人们应该能够猜到，对艺术假象的需求也存在于一个民族的世界观中，这个民族习惯于把它所接触的东西变成黄金。事实上，正如已经指出的那样，我们在这种世界观中遇到了一个巨大的幻觉，也就是自然经常用来实现其目的的幻觉。真正的目标被一种幻象所掩盖：我们向它伸出双手，而自然就是通过这种欺骗来达到目的。在希腊人那里，意志想要看到自己被美化成一件艺术品；为了歌颂自己，意志的创造者必须觉得自己值得歌颂，他们必须在一个更高的领域再次遇见自己，仿佛自己被提升到了一个理想境界，而不是把这个完美的静观世界作为一种要求或指责。这是一个美的领域，他们在其中看到了他们的镜像，即奥林匹斯诸神。希腊人的意志用这种武器同与艺术相关的才能进行了斗争，为了苦难，也为了苦难的智慧。由此，悲剧作为其胜利的纪念碑，便就此诞生了。

痛苦的陶醉和美丽的梦境有着不同的诸神世界。前者以其万能的本质潜入自然最内在的思想深处中，它了解可怕的生存欲望，同时也熟知一切既已出现之事物的永恒死亡；它创造的神可以是善的，也可以是恶的，类似于偶然事件，他们用突然出现的规律性让人害怕，他们毫无同情心，对美也毫无兴趣。他们与真理同源，近似于概念，他们很少也很难把自己凝结成形象。注视他们，你就会变成石头，你还怎么与他们一起生活呢？但你也不应该这样做：这就是他们的教义。

如果这个诸神世界不能像不可告人的秘密一样被完全隐藏，那么人们就必须借助其旁的奥林匹斯世界光辉的梦之诞生，将目光从这个世界中移开。真理或真理的象征越是发挥强烈的作用，它色彩的光辉、它人物的感性就越是明朗。但是，真与美的斗争从来没有像酒神庆典的来临时这样激烈——自然在其中揭示了自己，无比清晰地说出了她的秘密；面对这样的声音，极具诱惑性的假象也几乎失去了力量。这个源泉来自亚洲，然而它不得不在希腊汇集成为一条溪流，因为它在这里第一次发现了亚洲没有提供给它的东西，即最强烈的敏感性和承受苦难的能力，再加上最细微的谨慎和感知力。日神是如何拯救希腊文化的呢？这个新来的人[①]被拉进美丽的假象世界，进入奥林匹斯的诸神世界：许多属于最受尊敬的神灵，例如宙斯和阿波罗的荣誉现在都被献给了他。没有哪个陌生人像他这样麻烦，他也是一个可怕的陌生人（在各种意义上的客人），强大到足以摧毁好客者的房子。一场伟大的革命开启于一切生活形式之中：到处都渗透着酒神精神，甚至艺术也不例外。

观照、美丽、假象充斥于日神艺术的领域；它是眼睛美化了的世界，在梦中，人双眼紧闭，艺术性地创造着。史诗也想让我们进入这种梦境：我们应该睁大眼睛什么都不要看，而只欣赏行吟诗人试图通过概念来刺激我们所产生的内在形象。视觉艺术的效果在这里是以一种迂回的方式实现的：雕塑家通过雕琢的大理石把我们引向他在梦中看到的活生生的神灵，原本作为目标而浮现出的形象对雕塑家和观众来说都变得清晰起来，雕塑家通过雕像的中间形象诱使观众去关注它，史诗诗人同样看到了活生生的形象，也希望把它呈现给别人看。但

① 这里是指酒神狄奥尼索斯。

他不会在自己和人之间放置一座雕像，相反，他讲述了那个形象如何用动作、声音、语言、行为来展示自己的生命；他迫使我们去追溯众多的效果的成因，他迫使我们去探究艺术的构成。当我们看到人物、群体或画面清晰地呈现在我们面前时，当他向我们传达出他最初制造这些表象时的那种梦幻般的状态时，他就达到了他的目的。史诗对造型创造的要求证明了抒情诗与史诗的绝对不同，因为抒情诗从不以塑造形象为目的。两者之间的共同点只是一些材料，即词句，而更为普遍的共同点则是概念。当我们谈论诗歌时，我们拥有的并不是一个与造型艺术和音乐相协调的类别，而是两种本身截然不同的艺术手段的黏合，其中一个代表着通往造型艺术的道路，另一个代表着通往音乐的道路，然而，两者都只是通往艺术创作的道路，而不是艺术本身。当然，在这个意义上，绘画和雕塑也只不过是艺术的手段，而真正的艺术是创造形象的能力，无论它是预先创造还是事后创造。艺术的文化意义就建立在这种特征的基础之上——一种一般性的人类特征。艺术家——作为不得不通过艺术的手段获得艺术的人——不可能同时成为艺术活动的吸收者。

日神文化无论是在神庙、雕像还是在《荷马史诗》中，其造型行为都有着秉承适度之伦理要求的崇高目标，这种伦理的要求与美的审美要求是平行的。只有在尺度，即界限被看作是可识别的情况下，适度才有可能成为一种要求。为了遵守界限，人们就必须了解界限，因此，就有了日神的告诫：认识你自己。然而，日神的希腊人能够在其中看到自己，认识自己的这面镜子即奥林匹斯的诸神世界，但在这里，他再次认识到自己的最内在本质，笼罩在梦的美丽假象中。新的诸神世界（相对于被推翻的诸神泰坦世界而言）在适度的枷锁下活动，这种适度就是一种美的适度：希腊人必须遵守的界限就是美之假象的界限。一种文化转向假象和适度的最内在目的只可能是对真相的掩盖；在其活动中不知疲倦的探索者像强大的泰坦巨神一样被发出了警告："勿过度"。希腊文化在普罗米修斯身上找到了例证，它说明对人类认知的过度促进对促进者和被促进者来说都是有害的。谁想用自己的智慧经受住神灵的考验，就必须像赫西俄德[①]一样，做到有智慧地适度。

酒神庆典的狂喜之声穿透了这样一个受到建构、得

① 古希腊诗人，以长诗《工作与时日》《神谱》闻名于世，被称为"希腊训谕诗之父"。

到艺术性保护的世界，在这个声音中，自然的整体过度同时显现于快乐、痛苦以及认识之中。迄今为止被认为是界限、是适度标准的一切，在这里都被证明是一种人为的假象，“过度”则显现为真理。极度迷人的民歌第一次在全然醉境的状态下发出了声音；另一方面，吟唱诗歌的日神艺术家用他那基塔拉琴发出的令人不安的颇具暗示性的声音又意味着什么？以前在诗歌—音乐领域内按照等级传播，同时又排斥所有世俗的东西，必须凭借日神天才的力量才能保持在一个简单的建筑水平上的东西，即音乐元素，在这里抛开了所有障碍。以前只做最简单律动的节奏，此刻则放松四肢，跳起了酒神的舞蹈；音调响起，它不再像以前那般幽灵式地游荡，而是群起而舞，再配以低音的管乐伴奏。接着，最神秘的事情发生了：和谐就此诞生了，它在运动中让人对自然的意志有了直接的理解。现在，日神世界中被人为掩盖的东西在酒神的环境中显现出来；奥林匹斯诸神的全部光辉在西伦的智慧面前显得格外苍白。一种在狂喜中说出真相的艺术，吓跑了假象艺术的缪斯；在酒神状态的忘我境界中，个人带着他的界限和适度走向消亡：诸神的黄昏即将来临。

意志终究只有一个，违背了日神的创造，又允许酒神元素进入的意志，其意图是什么呢？

这即涉及一种全新的、更高的存在方法，即悲剧思想的诞生。

三

酒神状态的狂喜，连同其对存在的普遍障碍和限制的湮灭，在其存续期间都包含了一种冷漠的元素，过去在忘我状态中所经历的一切都沉浸其中。于是一条遗忘的鸿沟将日常的现实世界和酒神的现实世界分离开来。但一旦这种日常现实重新进入意识，人们就会怀着厌恶的心情来感受它的存在：一种禁欲的、否定意志的情绪便是这些状态的结果。在思想上，酒神精神作为一个更高的世界秩序与一个卑劣的、糟糕的世界秩序相对立：希腊人渴望完完全全逃离这个充满罪恶和命运的世界。他很难对死后的世界抱有希望，他的渴望变得更高了，甚至超越了诸神。他否定了存在，连同缤纷闪耀的诸神映象也一起否定。在醉醒后的意识中，他处处可以看到作为人类的恐怖或荒谬：这让他心生厌恶。现在他明白了森林之神的智慧。

此时，已到达了希腊意志以其日神式的乐观主义基本原则所能允许的最危险的极限。此时，希腊意志立即以它自然的治愈力采取行动，将这种否定性的情绪再次扭转过来；它的手段就是悲剧艺术作品和悲剧思想。它的意图绝不是要抑制甚至是压制酒神状态；强制执行是不可能的，即使有可能，也是非常危险的，因为在其迸发中受阻的元素随后会在其他地方打开通道，并渗透于所有生命的血管中。

现在，首先要做的是，将与生命的恐怖和荒谬有关的令人厌恶的想法转化为人们可以赖以生存的观点，那就是以对恐怖的艺术性驯服示人的崇高和以对荒谬之厌恶的艺术性释放示人的滑稽。这两种相互交织的元素最终结合成一件模仿醉、又与醉游戏的艺术作品。

崇高和滑稽跨越美的假象世界向前迈出了一步，因为在这两个词中，人们可以感受到一种矛盾性。另一方面，它们与真理完全不相符，它们是遮挡真理的面纱，面纱虽比美更透明，但终究也只是面纱。因此，在它们身上，我们拥有了一个介于美和真理之间的中间世界，在这个中间世界里，酒神和日神的结合拥有了可能。这个世界在与醉的游戏中表露了自己，而不是完全被它吞噬。在戏剧演员身上，我们再次辨认出酒神之人，他们是天生的诗人、歌手和舞者，却作为酒神之人的扮演者出现。他试图在崇高的震撼中或在笑声的震颤中达到酒神之人的典范；他超越了美，但他并不寻求真理。他仍然盘旋在两者之间。他不追求美的假象，但却追求外观；他不追求真理，但却追求可能性（真理的象征、标志）。戏剧演员当然不是一个个体，他所扮演的应该是群众，是人民，因而才会出现酒神颂的歌队。通过醉的游戏，他自己以及周围的观众歌队仿佛要从这醉境中解脱出来。从日神世界的角度来看，希腊人是要被治愈和赎罪的。阿波罗，真正的治愈和赎罪之神，将希腊人从无视生的狂喜和对生的厌恶中拯救出来——通过悲喜剧思想的艺术作品。

这个全新的艺术世界，即崇高和荒谬的世界，即“可能性”的世界，建立了一种别样的诸神观和世界观，它不同于以往对美的假象的旧观念。对生存的恐怖和荒谬的认识，对混乱的秩序和不合理的计划性的认识，总之，对整个自然中最巨大痛苦的认识，揭露了莫伊拉[①]和厄里倪厄斯[②]、美杜莎和戈尔戈[③]这些被人为掩饰的形象的真相，奥林匹斯众神处于最大的危险之中。在悲剧艺术作品中，他们因沉浸在崇高和荒谬的海洋中而得到拯救。他们不再仅仅是“美的”，他们仿佛吸收了那个更古老的诸神秩序和崇高。现在，奥林匹斯诸神分成了两组，只有少数几位在这两组之间徘徊，他们时而崇高，时而滑稽。最重要的是，就连酒神也接受了这种矛盾的本质。

埃斯库罗斯和索福克勒斯这两个典型人物最能够说明，现如今，人们如何能够重新生活在希腊的悲剧时期。在思想家埃斯库罗斯看来，崇高大多数情况下出现在宏伟的正义中。在他笔下，人和神拥有着最紧密的主观共同点：神圣、公正、道德和幸福对他来说是统一地交织在一起的。个体的存在，无论是人类还是泰坦，皆根据这个尺度来衡量，诸神要按照这种正义的标准来重

---

① 命运女神。

② 复仇女神。

③ 古希腊神话中的三女妖。

构。因此，举例来说，那个对于迷惑的、诱人犯罪的恶魔的民间信仰——那被奥林匹斯诸神废黜的原始诸神世界的残余——也得到了纠正，成了公正的惩罚者宙斯手中的工具。同样古老的、对于奥林匹斯诸神来说格格不入的世代厄运的观点也被剥去了严苛性，因为在埃斯库罗斯那里，个人没有必要亵渎神灵，任何人都可以逃脱。

埃斯库罗斯在奥林匹斯法治的崇高性中发现了崇高，而索福克勒斯则奇迹般地在奥林匹斯法治的不可参透性中看到了崇高。他在各个方面都重建了大众的观点。对他来说，本不应该遭受的可怕命运似乎是崇高的，人类生命中真正无解的谜题就是他的悲剧缪斯。苦难在他笔下被美化了，它被理解为神圣的东西。人与神之间的距离是不可估量的，因此，甘愿屈服和听天由命是合宜的。真正的美德是审慎，但实际上这是一种负面的美德。英雄的人类是没有这种美德的最高贵的人类，他的命运证实了那条不可逾越的鸿沟。世上本无罪责，有的只是对人类价值及其界限的认知缺陷。

无论如何，这个观点比埃斯库罗斯的观点更加深刻，更加深沉，它离酒神的真理更近了一步，无须过多象征手法即可道出这一真理——然而！我们在这里却认识到，日神的伦理原则被交织在酒神的世界观中。在埃斯库罗斯笔下，厌恶被化解为对世界秩序之智慧的高度恐惧，而这种智慧很难在人类的弱点中被辨认出来。在索福克勒斯笔下，这种不寒而栗甚至更为强烈，因为这种智慧完全是深不可测的。这是一种不需要斗争的、纯粹的虔诚情绪，而埃斯库罗斯则有着一项永恒的任务，即为神圣的众神的法治进行辩护，因此他总是需要面对新的问题。日神命令我们去寻找“人类的界限”，这种界限在索福克勒斯看来是可被识别的，但它比日神在前酒神时代所表达的意思更狭窄、更有限。人对自己的不了解是索福克勒斯的问题，人对神的不了解则是埃斯库罗斯的问题。

虔诚，生命本能中最奇妙的面具！投身于一个完美的梦之世界吧，将最高的道德智慧赋予这一世界！逃避真理吧，以便能够从远处去崇拜那笼罩在云层中的真理！与现实和解吧，因为它是捉摸不透的！厌恶揭开谜底吧，因为我们不是神！欢呼雀跃地倒入尘埃，在不幸中保持幸福的安宁！人类在他最高级的表达中完成了最高级的自弃！将对生命的恐惧和恐怖所做的颂扬和美化当作对生命的治愈手段！在对生命的蔑视中获得快乐的生活！意志在其否定中获得胜利！

达到这一认知层面，只有两条路，一条是圣人的路，另一条是悲剧艺术家的路。两者的共同点是，尽管对存在的虚无有了最明确的认识，但他们仍然可以继续生活下去，而不会感觉世界观出现了裂痕。对继续生活下去的厌恶被认为是一种创作手段，不管这是一种神圣的手段还是一种艺术的手段。恐怖或荒诞的东西是值得赞扬的，因为它只是表面上的恐怖或荒诞。在这里，酒神的醉境力量位于这个世界观的最高峰，仍然证明了自己的存在；一切真实的东西都消解为假象，而在假象的背后，统一的意志本性显露出来，完全被智慧和真理的灵光所包围，笼罩在令人眼花缭乱的光辉之中。幻觉、妄想正处于高潮。

那个同一意志，曾经作为日神意志规范了希腊世界的它有了另一种表现形式——酒神的意志，现在一切似乎不再令人难以理解了。意志的两种表现形式之间的斗争有一个非同寻常的目的，即创造一种更高的生存可能性，并在这种可能性中获得一种更高的神化（通过艺术）。神化的形式不再是假象的艺术，而是悲剧的艺术，但在悲剧艺术中，那种假象的艺术已经完全被吸收了。日神和酒神联合起来了。正如酒神元素已经渗透到日神的生活中，正如作为界限的假象出现在这里，酒神的悲剧艺术也不再是“真理”了。那歌声和舞蹈不再是本能的自然陶醉，被酒神激发而生的歌队不再是无意识地被春天的欲望所攫住的民众。真理现在被象征化了，它利用了假象，因此它可以，也必须利用假象的艺术。但是，与早期艺术的巨大不同已经显示出来，现在所有假象的艺术手段都被拉来一起做辅助——雕像发生了变化，三棱柱[①]上的绘画发生了移动，通过这道背景墙，人们的眼前时而呈现神庙，时而呈现宫殿。与此同时，我们察觉到了一种对假象的漠视，假象必须放弃它的永恒要求，以及它在这里的主权要求。假象完全不再作为假象而被享受，而是作为一种象征，作为真理的标志。因此，就出现了本身就令人反感的艺术手段的融合。这种蔑视假象的最明显标志就是面具。

因此，针对观众提出了酒神式的要求：所有的东西在他看来都是有魔力的，他看到的总是比象征的多，场景和乐队的整个可见世界都是奇迹的国度。但是，使他置身于相信奇迹的情绪中，并通过这种情绪看到一切都

① 古希腊戏剧舞台上的一种装置，可以改变舞台布景。

被施了魔法的力量在哪里？是谁征服了假象的力量，并将其降为一种象征？

这就是音乐。

四

我们所说的“感觉”引导着我们，把遵循叔本华道路的哲学理解为一种无意识的表象和意志状态的综合体。然而，对意志的追求表现为快乐或不快乐，在这一点上只显示出数量的不同。快乐没有种类，但有程度的大小和众多相随的表象。我们将快乐的理解为一种意志的满足，将不快乐的理解为意志的不满足。

那么，这种感觉是以何种方式传达的呢？感觉可以部分地，但只是非常小的一部分，转化为思想，即转化为有意识的表象。当然，这只适用于伴随着表象的部分。但即使在这个感觉的领域，也总是有一个不可转化的部分残留下来。可转化的部分是与语言，也就是与概念相关的东西，“诗”的界限在感觉的表达能力中即根据这一点划定。

其他两种表达方式完全是本能的，没有意识的，但是是有效果的。它们就是动作语言和音乐语言。动作语言由普遍可被理解的象征组成，并由反射性动作产生。这些象征是可视化的。看到这些象征的眼睛将其理解调整为一种状态，即产生了动作以及动作所象征的状态。通常，观看者能够感觉到对面之人的面部或肢体部位的交感神经活动。象征在这里指的是一种相当不完美的、零碎的映象，一个暗示性的符号，而对于符号的理解必须是一致的，只是在这种情况下，一般的理解是一种本能的理解，即不是经过清晰意识的理解。

那么，具有双重性质的感觉中的动作象征着什么呢？

显然是象征着伴随的表象，因为只有它才能被可视化的姿态，不完全地、零碎地勾勒出来。一个图像只能由一个形象来象征。

绘画和雕塑描绘出了人的动作，也就是说，它们模仿了象征。如果我们理解了象征，那么它们就达成了效果。观看的乐趣就在于理解这一象征，尽管象征存在着假象。

另一方面，演员真实地表现了这个象征，而不仅仅是为了表现假象，但他对我们的影响并不是基于对它的理解；相反，我们宁愿沉浸在被象征的感觉中，而不是停留在假象的喜悦上，停留在美丽的假象上。

因此，戏剧中的舞台布景根本无法激起假象的喜悦，相反，我们把它理解为一种象征，理解它所隐含的真实。在这里，除了纯粹画出来的东西外，蜡制的玩偶和真实的植物对我们来说是完全可以证明，我们在这里看到的是现实，而不是艺术的假象。这里的任务是可能性，而不再是美。

但到底什么是美？——“玫瑰花是美的”只意味着：玫瑰花有一个美好的假象，有着一些令人愉快的光辉。但这并不能说明它的本质是什么。它让人喜欢，它引起兴趣，这是它的假象，即意志因它散发的光辉而得到满足，生存的乐趣也由此得以提高。从其假象来看，玫瑰是它意志的忠实映象，由此可以类推，玫瑰从其假象来看是符合物种之规定性的。它越是这样做，它就越是美丽；而如果它从本质来看符合上述规定，那么它就是“好的”。

“一幅美丽的画”只意味着：我们对一幅画的想法

在这里得到了满足。但当我们称一幅画“好”时，我们就是把我们对画的想法称为与画的本质相符合的想法。但一幅美丽的画通常被理解为描绘某种美丽事物的画，这是外行人的评价。外行人欣赏的是物质的美。所以我们不妨在戏剧中欣赏造型艺术，只不过在这里，只表现美的东西不可能是任务，只要看起来真实就够了。人们应该尽可能感性生动地理解被描绘的对象；它应该发挥真理的作用；然而这种要求却违背了一切美的假象作品中所提出的要求。

但是，如果感觉中的动作象征着伴随的表象，那么意志活动本身是在何种象征下传达给我们，以便我们理解的呢？这里的本能传达是指什么呢？

是声音的传达。更准确地说，是声音所象征的各种快乐和不快乐的模式——没有任何伴随的表象。

我们所能说出的用来描述各种不快之特征的一切，都是因动作的象征意义而变得清晰的表象图景，例如，当我们谈到突然的惊吓，谈到疼痛的“敲打、拉扯、抽搐、刺痛、切割、咬伤、抓挠”时，似乎表达出了意志的某些“间歇性形式”，简言之就是音调语言的象征性意义下的节奏。我们在声音的强度中重新又认识到意志的极度增强，快乐和不快乐的量变。但声音的真正本质隐藏在和声中，而不用譬喻的方式表达出来。意志和它的象征——和声——两者归根结底都是纯粹的逻辑！可以说，节奏和强度在某种意义上仍然是在象征中表现出来的意志的外表，本身几乎还带有现象特征，而和声则是意志的纯粹本质的象征。因此，在节奏和强度中，个体现象仍然可以被定性为一种现象，从这个方面来看，音乐可以发展为假象的艺术。由此可以看出，那个不消解的残余部分，即和声，说的就是所有现象形式之外和之内的意志，因此不仅仅是情感的，还是世界的象征；在其领域内，概念是相当无力的。

现在我们明白动作语言和音调语言对酒神艺术作品的意义了。在民间原始古朴的春之酒神颂中，人不想作为一个个体来表达自己，而是代表一类人来说话。人通过眼睛的象征、手势的语言来表达这样一个事实：人不再是一个个体的人。他作为萨提尔，作为一个自然生命在自然生命中间用动作说话，而且是用更高级别的动作语言，即舞蹈动作来说话。然而，他还是通过声音表达了自然最内在的思想，不仅是类的创造力，如在动作中那样，还有生命本身的创造力，即意志，在这里可以直接为人所理解。也就是说，凭借动作，人留在了物种的界限内，即现象世界的边界内；凭借声音，人仿佛把现象世界融入其原始太一，摩耶世界在他的魔力面前消失了。

但是，自然人何时会想到声音的象征意义？动作语言何时就不够用了？声音何时成为音乐？

首先是在意志的快乐和不快乐的最高状态下，作为欢欣鼓舞的意志或害怕得要死的意志，总之是要在感觉的陶醉中，在惊呼中。与凝视相比，呼喊是多么有力和直接啊！但是，即使是较温和的意志活动也有其声音的象征意义，一般来说，每一种动作都伴有一种声音：只有感情的陶醉才能成功地把声音提升到纯粹的音响。

人们把一种动作的象征和声音的最紧密和最频繁的融合称为语言。在词中，事物的本质是用声音及其下沉、强度和节奏来象征的，而伴随的表象、图景、本质的现象则是用嘴部的动作来象征的。象征可以且必须是多种多样的，但它们本能地生长，具有巨大而明智的规律性。一个被记住的象征是一个概念，因为声音停留在记忆中时，就会慢慢消失，所以在概念中，最终只留下伴随表象而生的象征。人们所能刻画和区分的东西，就是他所能“理解”的东西。

在感觉的提升中，话语的本质更清晰、更感性地显示于声音的象征之中，这就是为什么它会发出更多的声音。宣叙调仿佛是对自然的回归，在使用中变得迟钝的象征重新获得了它的原始力量。

在词的序列中，即通过一连串的符号，就能象征性地描绘出一些全新的和更伟大的东西来。在这样的力量作用下，节奏、力度和和声再次成了必需品。这一较高的层面现在支配着较窄的单字层面，于是，选择词汇、确定词汇的新位置就变得很有必要——诗歌就此开始了。例如，朗诵一个句子绝不是对词语声音的排序，一个词只拥有一个完全相对的声音，因为它的本质——它通过象征而描绘出的内容，因其位置的不同而变化。换句话说，从句子和句子所象征的本质的更高统一性出发，词的单个象征不断地被重新定义。一系列的概念是一种思想，因此，这个思想就是伴随表象的更高统一。思想无法接触到事物的本质，但它作为动机、作为意志的冲动而作用于我们，这一点可以解释为：思想已经成为被觉察到的意志现象的象征，同时也是意志活动和意志表现的象征。然而，思想一旦被说出来，即用声音的象征说出来，就会产生无比强大和直接的效果。思想得到歌唱——当旋律是其意志的可理解性象征时，它的效果就达到了高潮：如果不是这样，音序就会影响我们，词序、思想就会远离我们，从而变得无关紧要起来。

根据词语主要是作为伴随表象的象征，还是作为原始的意志冲动的象征，根据象征的对象是形象还是感情，可以区分出两条诗歌路线，即史诗和抒情诗。前者通向造型艺术，后者通向音乐；现象的乐趣在史诗中占主导地位，意志则在抒情诗中得以显示。史诗脱离了音乐，抒情诗则仍然与音乐保持着联系。

然而，在酒神颂中，酒神的狂热者的所有象征能力都被刺激着达到了顶峰：一些从未感受到的东西都被迫表达出来，如个体化的湮灭，以及类，甚至自然创造力中的一体性。现在，自然的本质要表达自己：创造一个全新的象征世界是有必要的，伴随着的表象在一个被提升的人类本质的形象中获得了象征意义，人们通过整个身体的象征意义，凭借舞蹈动作，以身体的最高能量将这些表象表达出来。但是，意志的世界也要求一种闻所未闻的象征性表达，节奏、力度与和声突然急剧高涨。诗歌在这两个世界中也达到了一个新的境界：同时拥有史诗中形象的感性和抒情诗中声音的情感陶醉。为了掌控一切象征力量的总体释放，就要求由诗歌实现同一种本质的提升，毕竟，酒神颂中的酒神侍者只被其同类所理解。这就是为什么这个全新的艺术世界，在其完全陌生的、具有诱惑力的奇妙性中，在可怕的斗争之下，辗转于日神的希腊文化之中。

自我批判的尝试[①]

① 本文为尼采为 1886 年版《悲剧的诞生》创作的序言。

一

这本引人深思的书究竟依何而写？无疑是一个头等重要的问题，一个极具吸引力的问题，一个带有深深个人色彩的问题，本书的问世时间可以说明一切，即紧张不安的1870至1871年普法战争[①]时期。当沃尔特战役[②]的枪声响彻欧洲的时候，本书的作者，这位好苦思冥想的猜谜爱好者，独坐在阿尔卑斯山一隅，绞尽脑汁，百思不解，看似忧心忡忡，却又漫不经心地写下了

---

① 在德国称为德法战争。

② 1870年8月6日普法两军在沃尔特交战，普军重创法军。

他对希腊人的想法——这正是这本异想天开、晦涩难懂的书之核心所在，我将这篇迟来的序言（或后记）献给它。数周之后，他发现自己在梅斯[1]的城墙下，依旧没能摆脱他对希腊人和希腊艺术的所谓“宁静”的困惑；直到最后，他终于在那个最紧张的月份，在人们于凡尔赛宫[2]商讨和平的时候，完成了与自己的和解，并从战场上带回来的疾病中慢慢恢复，最终著成《悲剧从音乐精神中诞生》一书。——什么？悲剧从音乐中诞生？音乐和悲剧？希腊人和悲剧音乐？希腊人和悲观主义艺术？迄今为止，人类中最有教养、最美丽、最令人羡慕、最有生命力的人种，希腊人？——怎么会？怎么偏偏是他们需要悲剧？还需要什么——艺术？何谓——希腊艺术？

人们已经猜到生存价值这个巨大的困惑已置于何种位置。难道悲观主义必定是衰落、腐朽、不明智的标志，必定是疲惫和虚弱本能的标志吗？——在印第安人身上如此，在我们这些“现代”人和欧洲人身上显然亦

① 法国地名。

② 1870 年普法战争期间，法国凡尔赛宫被普鲁士军队占领，普鲁士国王威廉一世在凡尔赛宫内加冕成为德意志帝国皇帝。

如此？是否存在一种强者的悲观主义？一种由福祉绵延、强壮康健、生命充盈而产生的对生存中的艰难、可怕、邪恶、疑难事物的理智的偏爱？也许有一种源自过度富足而生出的痛苦？一种目光敏锐、跃跃欲试的勇敢，它渴望着可怕的东西，宛如渴望着敌人，有价值的敌人，以求在他们身上测试自己的力量，了解什么是“恐惧”，悲剧神话意味着什么，特别是对于处在最好的、最强的、最勇敢时代的希腊人来说意味着什么。那伟大的狄奥尼索斯现象呢？它衍生出的悲剧又意味着什么？相反，杀死悲剧的苏格拉底道德观，理论家的辩证法、满足感和宁静又是什么——怎么，这苏格拉底主义不会是衰退、疲劳、疾病以及混乱状态下正在消融的本能的标志？而后期希腊主义的“希腊式宁静”不会只是夕阳余晖？反对悲观主义的伊壁鸠鲁意志不会只是一种痛苦者的谨慎？还有科学本身，我们的科学——是啊，那被视作生命象征的全部科学之意义究竟何在？更糟的是，它们从何而来——所有的科学？怎么，科学性或许只是对悲观主义的恐惧和回避？是对真理的精准防卫？且从道德上讲，是类似懦弱和虚假的东西？从非道德上讲，是一种狡猾？哦，苏格拉底，苏格拉底，这也许是你的秘密吗？哦，神秘的讽刺者，这也许是你的——讽刺？

二

当时，我想研究的是一个可怕的、危险的东西，一个尖锐的问题，倒也未必是疑难问题，但无论如何是一个新问题；今天我要说的是，这就是科学本身的问题——科学第一次被认为是有问题的、可疑的东西。我在这书中肆意挥洒我年轻的勇气和猜疑，它本非年轻人可驾驭！这又是一本多么不成体统的书啊！它源自那过早的、极不成熟的自我体验，所有这些都建立在可交流的门槛之上，建于艺术的基础之上——因为科学的问题不能在科学的基础上被认识。这本书，它也许是为兼具分析能力和回顾能力的艺术家准备的（也就是说，为一些另类的艺术家准备的，那些人们必须寻找，却又不愿寻找的艺术家……），它里面充满了心理创新和艺术家的秘密，它以艺术家的形而上学为写作背景。这是一部充满勇气与忧郁的年轻作品，它独立、轻蔑，甚至在看似向权威和自我崇敬卑躬屈膝之处亦如此，简而言之，尽管它探讨的问题是古老的，还沾染了年轻人的各种毛病，尤其是“太过冗长”，还带着些“狂飙突进运动”①的意味，但它是我的第一部作品，无论这“第一”一词含有怎样的贬讽之意。另一方面，鉴于它取得的成就（特别是被呈现于伟大艺术家理查德·瓦格纳面前，并与其对话），我们可以说这是一本经过验证的书，或者无论如何，这是一本已经让“那个时代最优秀的人物”②满意的书。因此，我本应以谨慎和沉默的态度对待这本书，但我抑制不住自己的想法，它看起来是那么不顺眼。时隔十六年再次见到它，我深感陌生——我的双眼已饱经沧桑，变得百般挑剔，但绝不冷漠，对于这本大胆的书成文之初的使命，我始终记得——在艺术家的视角下考察科学，在生命的视角下考察艺术……

---

① 18 世纪 60 年代晚期至 18 世纪 80 年代早期，德国新兴资产阶级城市青年发动的一次文学解放运动，也是德国启蒙运动的第一次高潮。

② 出自席勒的《华伦斯坦的阵营》序曲。

三

再次声明，我认为这本书在今天看来是一本不成体统的书，——我觉得它写得很差，生涩难懂，令人尴尬，比喻过度，形象混乱，情绪激进，到处美化，节奏不均，逻辑不清，盲目自信，以至在证据面前都显得傲慢无礼，甚至怀疑其合理性。如果说这是一本给同道中人准备的书，是献给接受过音乐洗礼的人的“音乐”，是为从一开始就因共同且罕见的艺术经验而联系在一起的人而做的“音乐”，是鉴定艺术领域血缘关系的标准，——那么这是一本高傲的、狂热的书，它从一开始就让自己彻底远离“知识分子”，甚于远离“普通民众”，但正如它的效果已被证明并正在被证明的那样，它必定清楚地知道如何寻找其狂热的同好者，并吸引他们进入新的隐秘小路和舞台之上。不管怎样，人们怀着好奇和厌恶的心境承认，这里有一个陌生的声音在说话，一个“不知上帝”的门徒，他把自己暂且隐藏在学者的头衔之下，隐藏在德国人的沉稳和辩证的无趣之下，甚至隐藏在瓦格纳信徒的粗野举动之下。这里有一个灵魂，其深处隐藏着的是异样的、无名的需求，其间有一段充满着疑问、经验与隐密的记忆，狄奥尼索斯这个名字就像一个问号被嵌入其中；人们疑惑地自言自语，这是一个神秘的、近乎酒神狄奥尼索斯女祭司般的灵魂，她历尽艰难，她独裁专断，她对到底应该和盘托出还是自我隐匿这个问题犹豫不决，她结结巴巴，仿佛是在借他人之口来述说故事。这个“新的灵魂”——她应该在歌唱，而不是在述说！多么令人遗憾啊，我未曾敢于以诗人的身份说出我应当说的话，我本可以做到的！或者至少以一个语言学家那样——但即便是在今天，对于语言学家来说，这个领域里几乎所有的东西都有待发现和挖掘！但首要任务是解决这样一个难题——“到底什么是狄奥尼索斯精神？”只要我们没能回答对这个问题，我们对希腊人就仍然完全无法认识、无法想象……

四

是啊，什么是狄奥尼索斯精神？——这本书在告诉我们答案——书中的讲述者是一位“智者”，一位上帝的知己、门徒。如果是现在，我或许会更加谨慎地、雄辩地谈论一个如此棘手的心理学问题，就像希腊人讨论悲剧的起源一样。其中一个基本问题是希腊人与痛苦的关系，他的敏感程度如何，——这种关系是保持一成不变，还是因势而变的？——他对美、对节日、对欢乐、对新教派与日俱增的渴望，真的是因欠缺、因匮乏、因忧郁、因痛苦而生的吗？如果这是事实——那么修昔底德[①]在著名的葬礼演说[②]中已经向我们解释那先于时代而生的与世俗对立的渴望源于何处，那对丑陋的渴望源于何处，古希腊人对悲观主义、悲剧神话的渴望源于何处，对以存在为基础的一切可怕的、邪恶的、神秘的、毁灭的、致命性形象的刻画欲望源于何处，——那么悲剧又从何而来？或许来自兴趣，来自力量，来自泛滥的健康，来自过度的丰腴？从生理学讲，那种既衍生出悲剧艺术又衍生出喜剧艺术的疯狂，即狄奥尼索斯的疯狂，其意义何在？怎么，疯狂一定得是退化、没落、某日文化的症状？那么，现在把问题抛给精神病学家，是否有一种健康的精神疾病？一种青春的精神疾病？游走于半神半羊之间的萨提尔意味着什么？希腊人出于怎样的自我体验，怎样的冲动，才构想出萨提尔这样的狄奥尼索斯的狂热者和原始人？至于悲剧歌队的起源，在希腊人身体茁壮成长、灵魂肆意张扬的几世纪里，或者存在着某种特有的欢愉？整个地区、整个宗教集会都笼罩

① 古希腊历史学家、文学家和雅典十将军之一，以其著《伯罗奔尼撒战争史》在西方史学史上占有重要地位。

② 参见《伯里克利在阵亡将士葬礼上的演说》，这篇演讲出自修昔底德的《伯罗奔尼撒战争史》。

在幻想和幻觉之中？或许，希腊人在青春年少时期就拥有悲剧的意愿，成为悲观主义者的意愿？或许，如柏拉图所说，正是疯狂给希腊带来了最大福泽？或者反过来想，希腊人正是在其瓦解与无能的时代里才变得越来越乐观，越来越肤浅，越来越虚伪，甚至越来越热衷于逻辑和追求世界合理化，因而也就变得越来越“宁静”和“科学”了？尽管存在着各种“现代理念”和民主意味的偏见，但乐观主义的胜利，日渐盛行的理性主义，实践层面和理论层面的功利主义，以及与之同期的民主主义本身，难道这些都是残年余力、日渐迟暮、精疲力竭的象征？这难道不是悲观主义？伊壁鸠鲁成为一个乐观主义者——是因为他是一个受难者？正如你所看到的，本书承载着满满一箩筐的难题——这还不够，再来一道终极难题！从生命的视角来看，道德意味着什么？

五

早在《致理查德·瓦格纳》的序言中，我就已指出，艺术——而不是道德——才是人类真正的形而上学的活动；书中多次暗示，世界的存在只有作为一种审美现象才是合理的。事实上，这整本书只探讨一种隐藏在所有现象之下的艺术家的意义和艺术家背后的意义——如果你愿意的话，也可以说是一个“神”，但无疑是一个非思辨、非道德的艺术家之神，他在建造和破坏中，在好与坏之中，同时领悟到快乐和自负。在创造世界时，他把自己从富足和过分富足的痛苦中解放出来，从聚集于他一身的矛盾的痛苦中解放出来。世界，每时每刻都是神的救赎，是最苦难、最矛盾、最富于冲突的人之永恒变化、永远常新的幻想，而人却只知道在外表上救赎自己；人们可能会将整个艺术家的形而上学说成是任意的、多余的、梦幻的——但实质是，它已经显露了一种精神，一种在某一天会不惜一切代价去抵抗现存之道德诠释的精神。在这里，一种“超越善恶”的悲观主义第一次呼之欲出；在这里，一种“思想的病态”一语中的，叔本华不厌其烦地率先对其进行了最愤怒的诅咒和雷鸣般的抨击。——这是一种哲学，它敢于把道德本身置于表象世界之中，进行贬低，甚至将其降格为“表象”（在唯心主义的专业术语的意义上说），降格为“欺骗”，如同外观、妄想、错误、解释、矫正和艺术。我在书中对基督教采取的谨慎且敌意的沉默态度恰好是对这种反道德倾向之深度、最佳的衡量方式——基督教是人类迄今为止所能听到的道德主题之下的最丰富的表现形式。事实上，我书中所讲的对世界的纯美学解释与论证的最大对立面正是基督教教义，因为基督教教义只讲且只想讲道德，而且还是以其绝对的标准来讲，例如，用上帝的真实性，将艺术——注意，是每一种艺术——都归于谎言的国度，即否定、咒骂和谴责艺术。在这样一种与艺术为敌的思维方式和评价方式背后，我始终能感觉到一种对生命的敌意，一种对生命本身的愤怒的、报复性的厌恶；因为所有的生命都依赖于表象，依赖于艺术，依赖于幻觉，依赖于感观，依赖于观点和错误的必然性。基督教从一开始就是从本质上彻底地厌恶和厌倦生活，它只是在对“另一种”或“更好的”生活的信仰下伪装自己，隐藏自己，粉饰自己，它对“世界”的憎恨，对冲动的诅咒，对美好和感性的恐惧，说到底只是为了更好地诽谤此在而发明了彼在，这恰恰是基于其对虚无的渴望，对终结的渴望，对死寂的渴望，直到“最后的安息日”的到来。我认为，这一切，与基督教无条件地承认道德的绝对价值是同一道理，始终都是“毁灭意志”的所有可能形式中最危险、最阴险的一种，至少是病入膏肓、疲乏困倦、闷闷不乐、奄奄一息的征兆，——因为在道德（尤其是基督教道德，即无条件的道德）面前，生命始终是错误的，因为生命在本质上就是不道德的东西，最终必定只能在无休止的蔑视和持续否定的重压下被压垮，变得不再值得向往，变得价值全无。那么道德本身呢？道德难道不是一种“否定生命的意志”，一种毁灭的隐秘本能，一种衰败、掠夺、诽谤的原则，一种末日的开始，危险中的危险？……所以，在这本引人深思的书中，我本能地反对道德，倡导生命，并创立了一套与以往截然不同的有关生命学说和评价的体系，那是一种纯艺术的、反基督教的体系。该怎么称呼它呢？作为一个语言学家和文字工作者，我不无随意地以希腊神的名字为之命名：酒神狄奥尼索斯精神——因为又有谁会知道反基督者的真正名字呢？

六

现在你明白，我当初写这本书时赋予它何种使命了吧？……我现在多么后悔，当时没有勇气（或太自负？）在所有方面都冒天下之大不韪地用自己的语言来表达观点——我费力地尝试用叔本华和康德的理论来评价陌生事物，但它们与康德和叔本华的精神以及他们的品位在根本上即是对立的。关于悲剧，叔本华怎么看？他在《作为意志和表象的世界》第二卷第 495 页指出："促进所有悲剧升华的独特推动力是突然领悟到世界和生命不能带来真正的满足，它们不值得我们留恋；悲剧精神就此产生，并引导人们听天由命。"哦，这与狄奥尼索斯对我说的话是多么大相径庭啊。哦，这种放任主义与当时的我的想法是多么相去甚远啊！但是，这本书还有更糟糕的缺点，甚至比用叔本华理论将狄奥尼索斯的预感弄得暗淡无光、破败不堪更令我后悔——我后悔在探讨宏大的希腊问题时掺杂了最现代的东西，故而破坏了它；我后悔在没有任何希望的地方，在一切都清楚地指向结束的时刻，提出了希望；我后悔根据德国近期音乐奢谈“德国精神”，仿佛它正处于发现自我和重拾自我的过程中——然而此时，不久前还拥有主宰欧洲的意志、领导欧洲的力量的德国精神，刚刚寿终正寝，并在建立帝国的华美借口之下，向所谓的调解、民主和“现代理念”过渡。事实上，在此期间，我已经学会了对这种“德国精神”进行无望、无情的思考，同样也学会了如此一般对待当代德国音乐——它是彻头彻尾的浪漫主义，是所有可能的艺术形式中最不希腊的一种，是对神经最高级别的刺激，对于一个喜欢喝酒并把蒙昧当作一种美德的民族来说具有双重危险，因为它像麻醉剂一样拥有令人陶醉又令人迷惑的双重功效。——对现在盲目乐观并应用错误的理论，我当时就因此毁了我的第一本书，巨大的狄奥尼索斯问号还待在原地，音乐问题亦是如此：我们如何创作一种不再具有浪漫色彩的，同样也不是德国的音乐，像狄奥尼索斯一样的音乐？

七

但是，我的先生，如果您的书不是浪漫主义，世间哪里还有浪漫主义？谁对“现世”“现实”和“现代理念”的深仇大恨能比您深呢？——您的艺术家形而上学不是宁愿相信虚无，相信魔鬼，也不相信“现在”的吗？在您所有的对位[①]音乐和听觉诱导之中，难道没有一种愤怒和湮灭的声音在低吼吗？难道没有一种反对一切“现在事物”的愤怒的决心吗？难道没有一种与实践的虚无主义相去不远的意志在说话吗？它说：“宁可没什

① 音乐创作中使两条或者更多条相互独立的旋律同时发声并且彼此融洽的技术。

么是真的，也不要你们是对的，不要让你们的真理是对的！”我的悲观主义先生，我的已将艺术神化了的崇拜者们，请你们竖起耳朵，仔细地听一听你们从书中精挑细选的段落吧，即谈及雄辩的屠龙者的段落，对年轻的耳朵和心灵来说，它是那么具有诱惑力。怎么，这难道不是1830年真正意义上的浪漫主义戴上了1850年悲观主义面具吗？在这背后，浪漫主义者终曲的乐章已经奏响——在古老的信仰和古老的上帝面前，破裂、崩溃、回归、堕落……怎么，您的悲观主义著作本身不就是一部反希腊主义和浪漫主义的作品，一种“既令人陶醉，又令人麻醉的东西”，一种麻醉剂，一种音乐——德国音乐吗？听：

> 让我们想象一下，成长中的一代人，他们眼神无畏，步伐坚毅。让我们想象一下，这些屠龙战士，他们昂首阔步，骄傲勇敢地摒弃了所有乐观主义的软弱学说，以求完完全全“果敢地活着”。这种文化中的悲剧人物，在进行自我教育，培养严肃和畏惧的能力时，难道不应该追求一种新的艺术，一种形而上的慰藉的艺术？难道不应该把悲剧

当作他的海伦去追求？难道不应该用浮士德的话语高喊：

“而我岂能不以我最渴望的力量，

让唯一的美人重生？”

“难道不应该吗？”……不，不，不，不！你们这些年轻的浪漫主义者：这不应该是必须的。但事情的结局很可能，或者说是你们的结局，是“被慰藉”，正如书中所写，尽管你们自我教育以求练就严肃和畏惧的能力，但最终的结局还是“被形而上的慰藉”，简而言之，就像浪漫主义者一样，得到一个基督教式的结局……不！你们应该先学习最简单的慰藉艺术——你们应该学会笑，我的年轻朋友们，除非你们想千方百计地保持悲观主义；终有一天，你们这些欢笑者会让所有形而上的慰藉——它们自然在形而上学的带领下，通通见鬼！或者，用那个叫查拉图斯特拉的狄奥尼索斯精灵的话来说：

我的兄弟们，让心灵起航吧，高一点，再高一点！不要忘记你们的腿！抬起你的腿，你们这些优秀的舞者，干脆倒立也许更好！

这欢笑者的冠冕，这玫瑰花环的冠冕：我为自己戴上了这顶冠冕，我自己宣布我的笑声是神圣的。今天，还没有一个人足够强大到如我一般。

舞者查拉图斯特拉，轻盈的查拉图斯特拉，他挥舞着翅膀，他准备飞翔，他向所有的鸟儿挥手，他准备好了，做一个极乐的飞行者：

预言家查拉图斯特拉，真实的欢笑者查拉图斯特拉，他并非没有耐心之人，他并非绝对之人，他是一个喜欢跳跃的人，我为自己戴上了这顶冠冕！

这欢笑者的冠冕，这玫瑰花环的冠冕：我的兄弟们，我把这冠冕献给你们！我已宣布，笑是神圣的：你们这些高贵的人，学学我，放声大笑吧！

《查拉图斯特拉如是说》第四部第 87 页